# 今日からできる！通常学級ユニバーサルデザイン

― 授業づくりのポイントと実践的展開 ―

# はじめに

　通常学級における特別支援教育では、学校生活や授業における子どもたちの「問題行動」等が話題にされる。そのため、特別支援教育コーディネーターを中心とする校内外支援体制の構築にその主眼が置かれてきた。現在でもそれが中軸にあり、教師個人や学校だけで抱えることのない連携的な支援は強く求められている。

　しかし、私たち教師は問題行動そのものに対応する専門家では決してない。私たち教師は子どもたちが問題行動を起こす必要のない、問題行動を起こすことに意味がないほど充実した学級経営と授業を実現する専門家である。

　近年、子どもたちが日々過ごす学校生活や授業そのものに着目・改善して、その包括性を高める試み、すなわち、ユニバーサルデザインが斯界の大きな潮流になりつつある。子どもの学校生活の中心が紛れもなく授業であることを踏まえるならば、それは必然的な帰結であった。否、通常学級本来の底力は、正に学級経営・授業づくりでこそ発揮されるからに他ならない。

　その意味で、通常学級ユニバーサルデザインは、正に、通常学級担任のための、通常学級担任による、通常学級担任の"特別"ではない支援教育モデルである。

　本書は、植草学園短期大学に集った３名の長期研修生による通常学級ユニバーサルデザインに関する優れた実践研究を基に、『植草学園ブックス　特別支援シリーズ２』として編集された。本書が誇りとするところは、学級経営と授業づくりにおける高い活用性と再現性を備えている点にある。その特徴は以下である。

☆通常学級ユニバーサルデザインの実践上の視点

　話し方や板書の工夫、一時一作業、焦点化、共有化、視覚化…等、通常学級ユニバーサルデザインを実践する際の方向性を示唆する視点が様々に提起されている。本書では３人３様の実践上の視点が提起される。本書全体として、あえて、その統一を図ってはいない。各学校、先生方が最も実践しやすく、評価しやすい視点を検討する際に本書を参照して頂きたい。

☆『今日からできる！』活用性の高さ

　本書には、『ユニバーサルデザイン・授業づくりハンドブック』、『入門期の計算指導ユニバーサルデザイン・アイデア集』、『先生達のＳＯＳは子どもたちのＳＯＳ』という極めて活用性の高い３つの提案が掲載され、それぞれが独立したパッケージになっている。しかも、いずれもがＣＤ－ＲＯＭに収められている。各学校、先生方が通常学級ユニバーサルデザインを検討する際の資料として存分にご活用頂きたい。

☆学校研究として推進するために

　第２章では、国語科と算数科の指導案モデルを掲載してある。ここでも指導案の書式を統一していない。各学校の実情に応じて本書の例を参照して頂きたい。また、第３章では、学校研究として進める際の留意点をまとめた。実践研究の展開に大いに役立てて頂きたい。

　本書が幅広く活用され、通常学級ユニバーサルデザインのさらなる展開を願うものである。

佐藤愼二

# もくじ

## はじめに

## 第1章　通常学級ユニバーサルデザイン - 実践的展開に向けて

### 1．通常学級ユニバーサルデザインとは？
（1）通常学級ユニバーサルデザインのイメージ ……………………… 8
（2）求められる3つの改革 ……………………………………………… 9

### 2．通常学級ユニバーサルデザインの意義とその実践上の特徴
（1）共生社会形成モデル－一元的な支援観－ ………………………… 10
（2）多様なニーズに応じる包括性の高い支援モデル ………………… 10
（3）事前対応モデルであること ………………………………………… 11
（4）支援・環境要因対応モデルであること …………………………… 12
（5）"学力の向上や豊かな心の育成"に資すること …………………… 13
（6）超教科・超領域的な理念・実践方法論であること ……………… 14

## 第2章　授業ユニバーサルデザインの実際

### 1．国語科における実践　CD-ROM 1 ………………………………… 18
提案　ユニバーサルデザインの視点を踏まえた「授業づくりハンドブック」　CD-ROM 1
－全ての児童が安心して参加し「わかった・できた」と実感できる授業づくり－

### 授業づくりの7の視点 - ユニバーサルデザインの視点を踏まえて -　CD-ROM 1 … 19
1　導入の工夫　CD-ROM 2 ……………………………………………… 19
2　学習の見通しがもてる　CD-ROM 3 ………………………………… 20
3　明確なルールや約束　CD-ROM 3 …………………………………… 20
4　多様な感覚を生かして学べる場の工夫　CD-ROM 4 ……………… 21
5　教師の指示や発問の仕方　CD-ROM 5 ……………………………… 22
6　友達との学びの場や選択場面の決定　CD-ROM 6 ………………… 23
7　板書やワークシートの工夫　CD-ROM 7 …………………………… 24

### - 授業づくりのPDCAサイクル -　CD-ROM 8
・Plan 計画　CD-ROM 8 ………………………………………………… 25
・Do 実施　CD-ROM 9 …………………………………………………… 26
・Check 評価　CD-ROM 9 ……………………………………………… 26
・Action 改善　CD-ROM 9 ……………………………………………… 26

授業を支える学級づくり　CD-ROM 10
　　1　視覚的刺激量を調整する　CD-ROM 10 ……………………… 27
　　2　聴覚的刺激量を調整する　CD-ROM 11 ……………………… 28
　　3　学級のルールづくり　CD-ROM 12 …………………………… 29
　・授業デザインシート　CD-ROM 13 ……………………………… 30
　・ユニバーサルデザインの視点を踏まえた授業づくりチェックシート　CD-ROM 14 … 31
　・まとめ　CD-ROM 15 …………………………………………… 32

実践　「授業づくりハンドブック」を活用した国語科の実践と評価 …………… 33
　　1　単元名 ………………………………………………………… 33
　　2　単元について ………………………………………………… 33
　　3　学級の児童の様子 …………………………………………… 34
　　4　指導の工夫 …………………………………………………… 35
　　5　指導計画 ……………………………………………………… 36
　　6　授業展開例（7/9時間） …………………………………… 37
　　7　7つの視点の実践とその評価 ……………………………… 40


## 2．算数科における実践　CD-ROM 16 ……………………………… 45
提案　入門期の計算指導ユニバーサルデザイン・アイデア集　CD-ROM 16 ………… 45
1．数の基礎概念を育てる導入の工夫　CD-ROM 16 ……………… 45
　　1　ドットカードを見て数詞を言う　CD-ROM 16 ……………… 45
　　2　数字カードを見て数詞を言う　CD-ROM 16 ………………… 45
　　3　ドットカードを見て数字を書く　CD-ROM 17 ……………… 46
　　4　数字カードを見て指で示す　CD-ROM 17 …………………… 46
　　5　数詞を聞いて指で示す　CD-ROM 17 ………………………… 46
　　6　数詞を聞いて数字を書く　CD-ROM 17 ……………………… 46
　　7　指体操　CD-ROM 18 …………………………………………… 47
　　8　数字と数字　CD-ROM 19 ……………………………………… 48
　　9　大きく書いた数字と小さく書いた数字　CD-ROM 19 ……… 48
　10　大きなトランプと小さなトランプ　CD-ROM 20 …………… 49
　11　ドットとドット　CD-ROM 20 ………………………………… 49
　12　ドットと数字　CD-ROM 21 …………………………………… 50
　13　ゾウの絵とアリの絵　CD-ROM 21 …………………………… 50
　14　10だんごの歌A　CD-ROM 22 ………………………………… 51
　15　10だんごの歌B　CD-ROM 22 ………………………………… 51
　16　10だんごの歌C　CD-ROM 23 ………………………………… 52
　17　ドットカードを見て10の補数を言う　CD-ROM 23 ………… 52
　18　ドットカードを見て補数を指で示す　CD-ROM 23 ………… 52
　19　数字カードを見て10の補数を言う　CD-ROM 23 …………… 52

20　数字カードを見て１０の補数を指で示す　`CD-ROM 24` ……… 53
　　21　あわせて１０　`CD-ROM 24` ……… 53
　　22　計算ずもう　`CD-ROM 24` ……… 53
　　23　計算リレー　`CD-ROM 25` ……… 54
　２．複線化を図った問題提示　`CD-ROM 25` ……… 54
　　24　飛んでいった風船　`CD-ROM 25` ……… 54
　　25　チョコレートのお菓子　`CD-ROM 26` ……… 55
　　26　５×２列に並んだシール　`CD-ROM 26` ……… 55
　　27　金魚すくい　`CD-ROM 27` ……… 56
　３．キーワードの設定　`CD-ROM 27` ……… 56
　　28　さくらんぼ計算図（たしざん）　`CD-ROM 27` ……… 56
　　29　さくらんぼ計算図（ひきざん）　`CD-ROM 28` ……… 57
　　30　減加法で一気に引くことを意識できる言葉　`CD-ROM 28` ……… 57
　４．動く・選ぶ場面設定　`CD-ROM 29` ……… 58
　　31　指さす　`CD-ROM 29` ……… 58
　　32　前に集まる　`CD-ROM 29` ……… 58
　　33　「がったい！」「れんけつ！」　`CD-ROM 30` ……… 59
　　34　ブロック操作　`CD-ROM 30` ……… 59
　　35　計算方法を選ぶ　`CD-ROM 31` ……… 60
　　36　友達と見せ合う　`CD-ROM 31` ……… 60
　　37　ワークシートに書く　`CD-ROM 32` ……… 61
　５．授業のユニット化　`CD-ROM 32` ……… 61
　　38　流れボードで示す　`CD-ROM 32` ……… 61
　　39　活動（パーツ）を組み合わせる　`CD-ROM 33` ……… 62

**実践　アイデア集を活用した小学１年生　"繰り下がりのあるひき算"**

１．単元について ……… 63
２．学級の児童の様子 ……… 63
３．指導の工夫 ……… 66
４．指導計画 ……… 68
５．授業展開例（1/10） ……… 71
６．児童の様子 ……… 73

## 第３章　学校研究としての授業ユニバーサルデザイン

１．実践研究を進める枠組み ……… 76
２．研究協議の進め方 ……… 76
３．実践研究の評価の観点 ……… 77
４．授業ユニバーサルデザイン・その研究的展開 ……… 78

## 第4章　先生たちのSOSは子どもたちのSOS
### ユニバーサルデザインを生かした学級づくり・授業づくりの提案
A4判1ページごとの学級づくり・授業づくりアイデア集　CD-ROM 34 ……… 80

- 子どもの見方を変えて味方になりませんか？　CD-ROM 35 …………………… 81
- 子ども相談室　CD-ROM 36 …………………… 82
- 視覚化…これだけでも変わります　CD-ROM 37・38 …………………… 83
- 動作化　CD-ROM 39・40 …………………… 85
- 指示・話し方の工夫　CD-ROM 41 …………………… 87
- ほめ方にも工夫が！　CD-ROM 42 …………………… 88
- 授業のユニット化　CD-ROM 43 …………………… 89
- 時差をなくそう　大切な45分！　CD-ROM 44 …………………… 90
- ちょっとしたお助け…　CD-ROM 45・46 …………………… 91
- 教室環境　見直してみませんか？　CD-ROM 47・48 …………………… 93
- ぽかぽか学級づくり　CD-ROM 49 …………………… 95
- 学級経営20の法則　CD-ROM 50 …………………… 96
- みんなが大切！のクラスづくりが基本です！　CD-ROM 51 …………………… 97
- 子どもたちと一緒にクラスづくり楽しみませんか？　CD-ROM 52 …………………… 98
- 子どものSOSを解決するためのおさらい　CD-ROM 53 …………………… 99
- 1・2年生用　気づきのためのチェックシート　CD-ROM 54 …………………… 100

**実践研究　量的分析と質的分析による授業研究の実際**
通常学級における授業ユニバーサルデザインの有用性に関する実証的検討
- 小学1年生「算数科」を通した授業改善を通して -

Ⅰ　問題と目的 ……………………………………………………………… 101
Ⅱ　研究（1） ………………………………………………………………… 102
　1．目的 ……………………………………………………………………… 102
　2．方法 ……………………………………………………………………… 102
　3．結果と考察 ……………………………………………………………… 103
Ⅲ　研究（2） ………………………………………………………………… 105
　1．目的 ……………………………………………………………………… 105
　2．方法 ……………………………………………………………………… 105
　3．結果と考察 ……………………………………………………………… 106
Ⅳ　総合的な考察 …………………………………………………………… 109

おわりに

執筆者一覧

# 第1章

# 通常学級ユニバーサルデザイン・実践的展開に向けて

# 1．通常学級ユニバーサルデザインとは？

## （1）通常学級ユニバーサルデザインのイメージ

> ＜通常学級ユニバーサルデザイン＞
> ○発達障害等を含む配慮を要する子どもに「ないと困る支援」であり
> ○どの子どもにも「あると便利で・役に立つ支援」を増やす
> ○その結果として、全ての子どもの過ごしやすさと学びやすさが向上する。

通常学級ユニバーサルデザインの実践モデルを図でイメージしてみる(『実践 通常学級ユニバーサルデザインⅠ－学級づくりのポイントと問題行動への対応－』東洋館出版社)。

下図では、横軸に成績、縦軸に問題行動(対人関係・行動面の課題)を示している。楕円は現在の学級経営・授業づくりで包括できている範囲を示している。

①現在の状況

例えば、図中のAさんは対人関係・行動面での問題は少ないが、学習では苦戦している様子を表している。Bさんは、学習面でも行動面でも困難さを抱えている。Gさんは学習で物足りなさを感じ、行動上の困難さを抱え学級にうまくなじんでいない。一方、Hさんは成績もよく学級への適応状態もよいが、学級生活や学習面で物足りなさを感じている状況を示している。

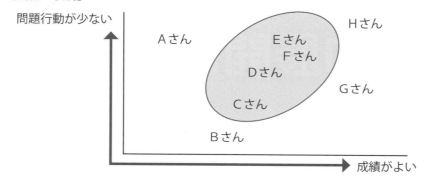

②ユニバーサルデザインによる改善

上記の現状に対して、ユニバーサルデザインの発想で、○Aさん、Bさん、Gさんには「ないと困る支援」であり、○どの子どもにも「あると便利で・役に立つ支援」を増やした。その結果、楕円が大きくなり、学級や授業の包括性が高まっている。太い楕円から若干はみ出しているAさんやGさんHさんにはまだ、多少の苦戦の様子は見られるものの、①の状態よりは適応状態がよくなっていることを示している。

しかし、ユニバーサルデザインの効果はそれだけではなかったことが実証されつつある。それが、太い矢印（⇒）の方向性である。つまり、Aさん、Bさん、Gさんには「ないと困る支援」であり、どの子どもにも「あると便利で・役に立つ支援」を増やす結果として、全体的に右上方向へ、すなわち、全ての子どものたちの過ごしやすさと学びやすさが向上していく。

これが、通常学級ユニバーサルデザインのイメージである。

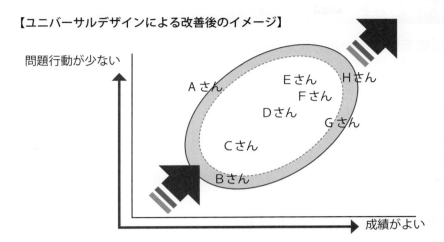

【ユニバーサルデザインによる改善後のイメージ】

## （2）求められる3つの改革

あらゆる改革には、三つの側面がある。それは、制度改革、組織改革、意識改革である。

制度の改革は、平成19年の学校教育法の一部改正、新学習指導要領等による法的な整備をはじめ、巡回支援員、学習支援員…等、学校を外から支える体制の整備である。

組織の改革は、各学校での特別支援教育コーディネーターの任命や校内委員会の設置…等に象徴される。制度面・組織面ともにさらなる充実が求められる。

では、意識の改革とは何か？それは、管理職を含む教師一人ひとりの特別支援教育に関する意識の高まり、すなわち、子どもを目の前にした「教室の中の改革」に他ならない。

ところが、"特別"支援教育という言葉の響きから、特別な子どものための特別な教育というイメージ、すなわち、障害のある子どもの様子を専門的に把握して、特別で個別的な支援を増やす(ために校内外支援体制を整える…)いうイメージである。その結果、本来求められていたはずの3つ目の意識改革、すなわち、「教室の中の改革」は、大きな負担感をもって受け止められることになった。

通常学級ユニバーサルデザインは魔法の杖でも特効薬でもない。しかし、学級経営と授業をよりよくするという営みは決して特別なものではなく、通常学級担任の当たり前の努力の延長線上で展開可能な実践モデルと言える。ユニバーサルデザインは、求められた3つ目の意識改革、すなわち、「教室の中の改革」に他ならない。

<通常学級ユニバーサルデザインと知的障害のある子ども>

通常学級ユニバーサルデザインは、同一の教室空間で展開される、同一の授業目標の実現に向けた方法上の工夫である。知的障害の状態によっては、同一の授業目標を設定できないことが考えられる。異なる授業目標が設定される場合でも、もちろん、本書の考え方や実践上の要点はそれなりの有用性が発揮される。しかし、筆者は、それを通常学級ユニバーサルデザインとは考えていない。

インクルーシブ教育システムの時代を迎え、上記の検討は今後求められる。知的障害のある子どもが通常学級に在籍する際の学校像・授業像・支援観に関して、筆者なりの考えはあるが、本書で取り上げるスペースはなく、別の機会を得て検討したい。

# 2．通常学級ユニバーサルデザインの意義とその実践上の特徴

## （1）共生社会形成モデル－一元的な支援観－

「特別支援教育は、障害のある幼児児童生徒への教育にとどまらず、障害の有無やその他の個々の違いを認識しつつ様々な人々が生き生きと活躍できる共生社会の形成の基礎となるものであり、我が国の現在及び将来の社会にとって重要な意味を持っている」(特別支援教育の推進について（通知）平成19年文部科学省)。特別支援教育を規定したこの通知は、我が国の公教育における歴史的な到達点の一つと言える。

"通常の学級に在籍する発達障害の可能性のある特別な教育的支援を必要とする児童生徒に関する調査結果について"(文部科学省 平成24年12月5日)で、発達障害の可能性のある特別な教育的支援を必要とする子どもが通常学級に在籍する割合は約6.5％と示され、次のように指摘している。「学習面又は行動面で著しい困難を示すとされた児童生徒を**取り出して支援するだけでなく、それらの児童生徒も含めた学級全体に対する指導をどのように行うのかを考えていく必要がある**。例えば、社会生活上の基本的な技能を身に付けるための学習を取り入れる、学習面又は行動面で著しい困難を示すとされた児童生徒が理解しやすいよう配慮した授業改善を行うなどの対応を進めていくべきと考える」(傍点太字筆者)と示した。

通常学級ユニバーサルデザインによる包括性の高い学級経営と授業は、正に、共生社会形成の営みと言える。ユニバーサルデザインは、障害の有無という二元論に依拠するものではない。障害の有無を越えて、子どもは多様性な存在であるという一元的な立場で包括する態度と価値観に裏付けられた理念・方法論と言える。

## （2）多様なニーズに応じる包括性の高い支援モデル

### ① "学習の登山モデル"

学び方・覚え方・イメージの仕方の違いを登山に例えて、筆者は"学習の登山モデル"(前掲書)と名付けている。

通常学級における授業の目標は一つである。それは図にある山の頂上であり、その頂上に向けての登山ルート(＝学び方)は、複数あるというイメージになる。図にあるように、見て覚

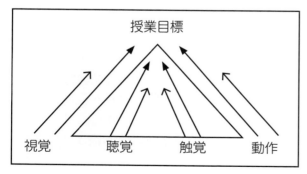

える視覚という登山ルート、聞いたり・唱えたりして覚える聴覚という登山ルート、手のひらに指で漢字を書いて覚える方法に代表される触覚という登山ルート、あるいは、体育的活動の身のこなしは動きそのもので覚える。また、国語で多用されるオノマトペ言葉の世界をイメージする際には、その様を実際に動きで表現してみることでよりイメージしやすかったり、覚えやすかったりする動作という登山ルート。合わせて、それらを巡るように登る場合もあるだろう。

それぞれの登山ルートでも登るスピードにも当然違いが出てくる(図中の→の長さの違い)。

以上のような、通常学級の子どもたちと授業をイメージしたものが学習の登山モデルである。

②多感覚ルート同時提示法

先の学習の登山モデルで示したように、誰にでも様々な得意・不得意があり、物事を覚えたり、イメージしたりする際にも、同様のことが言える。このような子どもたちの多様な学びのありようを想定すれば、授業展開において様々な登山ルートを提示することは、むしろ、必須の要件となる。筆者はそれを"多感覚ルートの同時提示法"（『実践 通常学級ユニバーサルデザインⅡ－授業づくりのポイントと保護者との連携－』東洋館出版社 )) と名付けている。

多感覚ルート同時提示法は、学習者である子どもの学びやすさと理解や表現の幅や方法を高めることにつながる。言葉を換えれば、子どもが得意な覚え方・イメージの仕方や表現の仕方に気づいたり、覚える工夫をするきっかけをつくることになる。子どもたちは、たとえば、「いいはこ（1185）つくろう 鎌倉幕府」と唱えながら，年号を見て覚える、あるいは、唱えながら書いて覚えるという多様な覚え方に気づくことになる。

子どもが自分の得意なルートで登れる(理解する)こと、あるいは、複数のルートを統合・共有しながら登って(理解する)もよいことに気づく。さらには、教師の指示・説明に際して、多感覚ルートで情報提供することで、バイパス機能を果たすことになる。すなわち、ある感覚ルートで情報を逃しても、別な感覚ルートでその情報をキャッチする可能性を高める。

通常学級ユニバーサルデザインは、より多くの子どもを包括する可能性を高める支援モデルである。

## （3）事前対応モデルであること

①障害者の権利に関する条約から

障害者の権利に関する条約第2条には、「『ユニバーサルデザイン』とは、調整又は特別な設計を必要とすることなく、最大限可能な範囲ですべての人が使用することのできる製品、環境、計画及びサービスの設計をいう」とある。「最大限可能な範囲ですべての人」を「学級に在籍するすべての子ども」と読み替え、「製品、環境、計画及びサービス」を「教材・教具、学校・教室環境、教育計画及び具体的支援」と読み替えればその思想性は明らかになる。

例えば、ある建物を構築した後で、個別的で、特別な設備を事後に整える発想ではない。ユニバーサルデザインとは、より多くの人がより使いやすい建物にするために、設計・計画段階から事前に整える発想に他ならない。

すなわち、通常学級ユニバーサルデザインは、学級経営や授業づくりの計画段階から、発達障害等のある配慮を要する子どもも包括する支援を<u>あらかじめデザインする事前対応の理念・方法論</u>と言える。

②「ないと困る支援」に基づく事前対応モデル

筆者の経験上、否、読者も、積極的・事前的に支援の充実化を図るより、行動上の問題として持ち上がってきた後に支援を検討する方が－物理的にも精神的にも－数倍も労力を要する。

通常学級ユニバーサルデザインは、"発達障害等を含む配慮を要する子どもに「ないと困る支援」を把握する"ことが一つの要件となる。「ないと困る支援」を把握するポイント(詳細は、『実践 通常学級ユニバーサルデザインⅡ－授業づくりのポイントと保護者との連携－』東洋館

出版社を参照)の一つが引き継ぎである。引き継ぎ情報等に基づき、「ないと困る支援」をあらかじめ把握し、他のどの子どもも「あると便利で・役に立つ支援」を増やす事前対応モデルなのだ。

その意味では、引き継ぎを含む学校全体の特別支援教育に関する組織的な対応が、通常学級ユニバーサルデザインをよりよく機能させるとも言えよう。

### （4）支援・環境要因対応モデルであること
#### ①「学習上又は生活上の困難を克服する」教育

学校教育法第８１条は「幼稚園、小学校、中学校、高等学校及び中等教育学校においては、次項各号のいずれかに該当する幼児、児童及び生徒その他教育上特別の支援を必要とする幼児、児童及び生徒に対し、文部科学大臣の定めるところにより、**障害による学習上又は生活上の困難を克服するための教育**を行うものとする。」(傍点太字筆者)と規定している。その「障害による学習上又は生活上の困難を克服するための教育」という一文には、通常学級ユニバーサルデザインの理念が内在している。

ここには、「障害を克服する」とは書かれていない。仮に、それを求められるならば、特別支援学級、特別支援学校、あるいは、医療機関でも不可能に近いだろう。

例えば、自閉症の子どもにとっての「障害による学習上又は生活上の困難」を想像してみよう。それは、"私語の多いざわついた教室"や"視覚情報の少ない話し言葉中心の授業"等であり、自閉症の子どもにとっては、大きな「学習上又は生活上の困難」となる。落ち着いた学級づくりや視覚的な手がかりも交えての授業は、正に、自閉症の子どもには「ないと困る支援」であり、「障害による学習上又は生活上の困難を克服するための教育」そのものになる。

ただし、落ち着いた学級づくりや視覚的な手がかりも交えての授業は、どの子どもにとっても「あると便利で・役に立つ支援」になる。だからこそ、学級全体の学力も向上する。

通常学級における「障害による学習上又は生活上の困難を克服するための教育」の追究は、ユニバーサルデザインそのものと言える。

#### ②支援・環境との相互作用モデル

特殊教育時代を含め特別支援教育には、子どもの苦手や問題と思われる側面を改善するイメージが根強くある。しかし、特別支援教育は「…持てる力を高め、生活や学習上の困難を改善又は克服…」(特別支援教育の推進について（通知）平成19年 文部科学省)と記されており、「障害の改善・克服」とは書かれていない。

つまり、「持てる力」＝子どものできること・得意・よさも含めて子どもの力を高めること、そして、「生活や学習上の困難の改善又は克服」、すなわち、学級経営・授業も改善することにより、学びにくさ・生きにくさを改善する。それを特別支援教育と規定している。

学級経営・授業づくりによって、子どもの学びにくさや生きにくさを改善する。あるいは、子どもの学習や行動全般を高めるというイメージは、次表が分かりやすい。

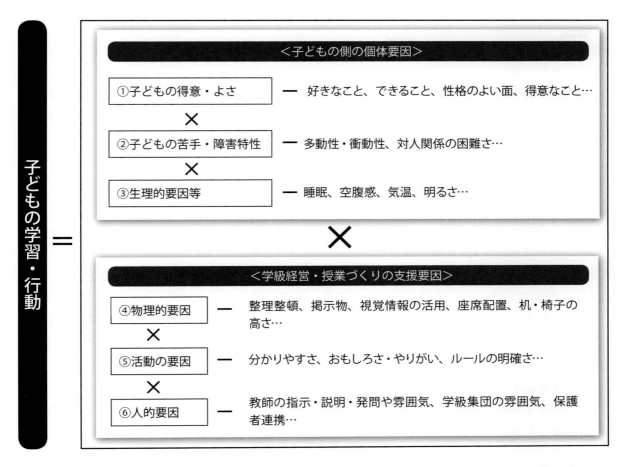

　表にあるような構造＝相互作用で、子どもの学習や行動を理解し、学級経営・授業＝支援を検討することができる。すなわち、①〜⑥の要因のかけ算により、子どもの学習や行動は大きく変わるという構造である。
　①〜③の子どもの側の要因は容易に変えることはできない。しかし、④〜⑥の学級経営・授業づくりの要因を変えることはできる。例えば、②の子どもの苦手が表れにくく、①の子どもの得意が発揮される状況を④〜⑥の支援によって整えることができれば、「生活や学習上の困難」は「改善又は克服」され、子どもの学習や行動は高まるに違いない。
　通常学級ユニバーサルデザインは、正に、図の④〜⑥を整える支援・環境要因対応モデルと言える。

## （5）"学力の向上や豊かな心の育成"に資すること
①学校教育の諸課題への対応
　「…学校全体で特別支援教育を推進することにより、いじめや不登校を未然に防止する効果も期待される。さらに、これらの幼児児童生徒については、障害に関する医学的診断の確定にこだわらず、常に教育的ニーズを把握しそれに対応した指導等を行う必要があるが、こうした考え方が学校全体に浸透することにより、障害の有無にかかわらず、当該学校における幼児児童生徒の確かな**学力の向上や豊かな心の育成にも資する**ものと言える。こうしたことから、特別支援教育の理念と基本的考え方が普及・定着することは、現在の学校教育が抱えている様々

な課題の解決や改革に大いに資すると考えられることなどから、積極的な意義を有するものである」(傍点太字筆者)。これは、中央教育審議会(2005)による"特別支援教育を推進するための制度の在り方について（答申）"が提起した理念である。

特別支援教育は、「障害の有無にかかわらず、当該学校における幼児児童生徒の確かな学力の向上や豊かな心の育成にも資する」のであり、さらに「学校教育が抱えている様々な課題の解決や改革に大いに資する」「積極的な意義を有する」のである。

10年前の提起である。しかし、現在の学校教育が抱える諸課題と特別支援教育、通常学級ユニバーサルデザインの関係性を見事に指摘している。

②意識改革・教室の中の改革

聴覚の過敏さがありざわついた教室が苦手なＡさんが在籍する教室の中で教師が「静かにしましょう」と指示する。"静けさ"は、Ａさんにとって絶対に「ないと困る支援」である。しかし、授業中の教室が静かになれば、教師の話がどの子どもにも行き届きやすくなる。つまり、「あると便利で・役に立つ支援」になり、当然、学級全体の"学力は向上"する。

暴言のあるＢさんへの"温かな言葉"の指導は「ないと困る支援」である。しかし、"温かな言葉"の指導は、どの子どもにとっても「あると便利で・役に立つ支援」になり、"豊かな心の育成"に結びつく。

発達障害はその支援的対応を誤れば、不登校や少年非行の遠因になると言われる。単なる理念だけではない通常学級ユニバーサルデザインの具体的な方法論は、それらの予防的・事前的対応になるだけでなく、学級全体の学力の向上や豊かな心の育成に資すると言える。

## （6）超教科・超領域的な理念・実践方法論であること

①どの教科・領域でも取り組める

様々な研修会で話題にされるようになった次のような指示がある。「教科書の24頁を開いたら、問題の２番をみて下さい」である。この"一文二動詞"の指示は、聴覚的な記憶の箱が小さい子ども、集中力の弱い子どもは聞き逃すことがある。

しかし、ある研究指定を受けた学校では、教科書の頁を子どもに見えるように示しながら、「教科書の24頁を開きます」「問題の２番をみて下さい」「指で押さえてごらん」「隣のお友達はあってるかな？」と、○教師が持つ教科書の頁が見えるように子どもに示し、○指示を一文一動作にしながら、○子どもが頁を指で押さえるという動きを入れ、○さらに、友達と確認する作業を入れている。これは先に触れた多感覚ルート同時提示法である。

この一連の指示は、例えば、集中力が弱く配慮を要するＡさんには「ないと困る支援」である。しかし、どの子どもにも「あると便利で・役に立つ支援」になる。指示はとても分かりやすくなり、しかも、動きが入ることによって集中力が高まる。

さて、ここで、重要な確認をしたい。つまり－ここでは、指示の仕方を取り上げたが－このようなユニバーサルな手立ては全ての教科・領域で展開可能になる。

つまり、通常学級ユニバーサルデザインは極めて超教科・超領域的と言える。ユニバーサルな方法を各教科・各領域、学校生活全般ににじませることで、よりよい授業や過ごしやすい学校生活が期待できることを強く確認したい。

②実践方法論として

　通常学級ユニバーサルデザインは、これまで蓄積されてきた学級経営や授業づくりを－発達障害等の配慮を要する子どもの「ないと困る支援」の観点から－見直すことで提起された実践方法論である。拙書(『実践 通常学級ユニバーサルデザインⅠ－学級づくりのポイントと問題行動への対応－』『実践 通常学級ユニバーサルデザインⅡ－授業づくりのポイントと保護者との連携－』．東洋館出版社)も含め、多くの先行実践研究がすでに存在する。

　本書の第Ⅱ章では、二つの実践が提案される。

　一つ目は、『ユニバーサルデザイン・授業づくりハンドブック』(ＣＤＲＯＭよりコピーフリー)に基づく小学校国語科の実践である。提起される『ハンドブック』は、実践上の枠組みや視点が明確に示され、どの教科・領域でも活用可能である。そのため、教師一個人としても、学校研究としても活用性が大変高い。是非、ご活用頂きたい。

　二つ目は、『入門期の計算指導ユニバーサルデザイン・アイデア集』(ＣＤＲＯＭよりコピーフリー)に基づく小学校算数科の実践である。この『アイデア集』は、小学校１年生を想定しているが、特別支援学校・学級でも活用可能な楽しいアイデアが満載である。

　いずれも、現時点での実践的到達点の一つであると自負している。各学校・各地域での一層の深まりと広がりを期待したい。

# 第2章

# 授業ユニバーサルデザインの実際

# 1. 国語科における実践

CD-ROM 1

**提案** ユニバーサルデザインの視点を踏まえた「授業づくりハンドブック」

## 全ての児童が安心して参加し「わかった・できた」と実感できる授業づくり

児童のアセスメントとユニバーサルデザインの視点を踏まえて

### アンケート調査から

　下の円グラフは，平成25年度千葉県長期研修生の調査研究において，A市内の公立小学校通常の学級担任140人を対象に実施した「学習面で特別な支援を必要とする児童の実際」に関する調査（アンケート）の一部です。回答のあった128人（回収率91.4％）のうち，122人（95.3％）が「学習面において，特別な支援や配慮が必要と思われる児童がいる」との回答でした。その中で，「読むこと」や「書くこと」に対して課題を抱えていると感じられる児童の割合が，今回の調査対象の児童数3106人に対して387人（12.5％）と，40人学級で考えると1学級5人という高い割合で存在することが明らかとなりました。

**Q　学習面において，特別な支援や配慮が必要と思われる児童はいますか。**

学習面で支援が必要な児童

Q　どのような困難さがありますか。

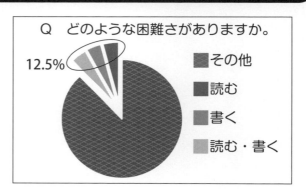

　本ハンドブックは，「特別な支援が必要な児童を含む全ての児童が，困りを感じることなく安心して参加し，『わかった・できた』と実感できる授業」を実現するために作成されました。特別な支援が必要な児童には，「ないと困る支援」で，その他の児童には，「あると便利で役に立つ支援」を計画段階から検討します。そして，ユニバーサルデザインの視点をふまえた7つの視点を授業改善に役立てることを目的としています。主に，読むことや書くことに困難さのある児童を包括する国語の授業づくりについて提案します。

CD-ROM 2

# 授業づくりの ⑦つの視点
－ユニバーサルデザインの視点を踏まえて－

## 授業への参加を促す視点

特別な支援が必要な児童の多くは，授業への参加の段階でつまずくことが多くあります。授業のスタートでつまずくことなく，安心して参加できる授業づくりのための３つの視点を提案します。

 児童の困っていること　　　　 困難の背景にあること

### 1　導入の工夫

「今日の勉強分かるかな どうせできないから，やりたくない」

- 学習に対する苦手意識
- 失敗経験からの自尊感情の低下　等

👉　支援を要する児童は，まだ学習する心構えができていないまま授業が進んでしまったり，苦手意識や失敗経験から学習への意欲をなくしてしまったりして，学習のスタートラインに立てないことがあります。全員が参加できる導入や興味がもてる動機づけをすることで，スタートラインを揃え，安心して参加できる授業づくりが期待できます。

### 支援の実際

☆クイズ形式で，学習への興味がもてるようにする。
☆フラッシュカードでテンポよく学習がスタートできるようにする。
☆絵や写真の一部を見せて，「なんだろう」「もっと見たいな」と意欲づけをする。

「こっち！」

「答えはどっちかな。指でさしてみよう！せーの！」

答えを指さすクイズ

立ったり，指でさしたりすることで参加度を上げることもできる。

19

CD-ROM 3

# 授業づくりの⑦つの視点 －ユニバーサルデザインの視点を踏まえて－

## 2　学習への見通しがもてる

次は何をやるのかな・・・
心配だな
いつ終わるのかな

●注意集中が難しい
●見通しがもてないことに不安　等

　支援を要する児童にとって，1時間の学習がどう進むか分からない状態は，集中が持続しない要因となります。安心して学習に取り組むことができるようにするために，必要に応じて，学習の流れを提示したり，学習をルーチン（きまりきった手順）化したりすることは有効です。

### 支援の実際

☆おおまかな1時間の学習の流れを，見て分かる板書や掲示をして示す。
☆単元の学習活動の流れを，学習カードにして配付したり掲示したりする。
☆「音読⇒ワークシート⇒話し合い」等と，学習をルーチン化する。

## 3　明確なルールや約束

また失敗しちゃった
どうしてみんなは
分かっているのかな・・・

●記憶することが苦手（ワーキングメモリに課題）
●暗黙のルールが理解できない　等

　支援を要する児童の中には，言葉だけでの指示が伝わりにくいことがあります。学習活動のルールや約束は，目で見て分かるようにして示したり，いつでも振り返ることができるように示したりすることが大切です。また，ルールや約束の基本は「対処より予防」です。何か問題が起きてから対処するのではなく，前もってルールや約束を分かりやすく示すことで，失敗経験の予防と学習活動の質の向上が期待できます。

### 支援の実際

☆学習道具の準備の仕方を写真で示す。
☆終わったら何をすればよいかを示してから，活動を始める。
　⇒「終わった人は，音読貯金」

事前に道具の出し方を示す

# 授業づくりの7つの視点
－ユニバーサルデザインの視点を踏まえて－

## 授業への参加を促す視点

見て覚える，聞いて覚える，書いて覚える等，一人ひとり，得意な学習の仕方が違います。「見る」「聞く」「話す」「動く」等，様々な感覚を生かして学べる場や表現できる学習活動を工夫して，全ての児童が「わかった・できた」と実感できる授業づくりのための4つの視点を提案します。

### 4　多様な感覚を生かして学べる場の工夫

聞いても
よく分からないな
座っているのは
つかれるな

- 認知の仕方の違い
- 多動性や衝動性
- 集中時間が短い　等

支援を必要とする児童だけでなく，多くの児童が一つの活動だけで45分間注意集中を持続することは難しいことがあります。学習の中の「聞くだけの時間」は，特に児童の集中が低下しやすいと言われています。また，何かを習得するには，聞いてできる，見てできる，してできる等様々な方法があり，困難さのある児童は，多様な入力方法で情報を得て活動しています。視覚・聴覚・運動感覚を使った学習活動を組み合わせることで，情報を習得しやすくなり，注意集中の持続も期待することができます。

## 支援の実際

☆文の内容と教科書の挿絵を対応させながら読む（挿絵提示読み）。
☆段落を色分けし，文章の構成を視覚的にとらえる。
☆授業の後半には，「立って読む」「立って話す」等，動ける場面を設定する。
☆「話を聞く」「話を聞いて復唱する」「聞いたことを書く」「聞いて書いたことを読む」
　と展開させ，「聞く」「話す」「書く」「読む」全ての作業を入れる。

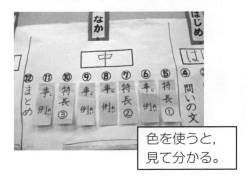
色を使うと，見て分かる。

**挿絵提示読み**
友達の音読にあわせて，挿絵を提示する。

# 授業づくりの⑦つの視点　－ユニバーサルデザインの視点を踏まえて－

## 5　教師の指示や発問の仕方

「一度にたくさん言われても分からないよ・・・ノートを書いている時に，先生話さないで・・・」

● 注意集中が難しい
● 記憶することが苦手
● 言語理解の不十分さ　等

　発問や指示は，一文が長いと内容が伝わりにくく，支援を要する児童だけでなく，どの児童にとっても混乱の要因となることがあります。また，活動をしている最中の教師の指示は，注意集中の妨げとなります。できるだけ簡潔で具体的な表現を用いた指示や発問，児童の聞く心構えを確認することを意識してみましょう。また，学習活動の結果だけでなく，結果に至るまでの過程を認める声かけを意識することで，児童同士が認めあえる学級の雰囲気づくりも期待できます。

### 支援の実際

☆行っている活動をいったん止めさせてから，話し始める。
☆一文で一つの動作ができる指示をする。
　⇒「教科書を出します。」「20ページを開きます。」「3行目を読みましょう。」
☆言葉だけでなく，絵や文字・身振りをつけながら話す。
☆抽象的な表現ではなく，具体的な表現で指示する。
　「ちゃんと」⇒「マスから出ないように書きましょう。」
　　　　　　　「○○さんの方を見て聞きましょう。」　等
　「しっかり」⇒「3の声で読みましょう。」
　　　　　　　「足の裏をペタっとつけましょう。」　等
　「早く」⇒「あと10数える間にしましょう。」
　　　　　　「（タイマーや時計などで示して）あと3分でしましょう。」　等
☆児童の活動中には，アイコンタクトによる指示等，声を出さない指示の出し方を工夫する。

児童が活動している時は，声を出さずに指示し，静かな環境を作る。

うちわに書いた約束で指示

CD-ROM 5

# 授業づくりの ⑦つの視点 －ユニバーサルデザインの視点を踏まえて－

## 6　友達との学びの場や選択場面の設定

みんなの前では話せないよなんて言えばいいのかな

● 自分の考えや思いを言葉にできない
● 失敗経験から意欲が低下 等

　　学習の理解や定着には，思考を整理し，言葉で表現することが大切だと言われます。しかし，支援を要する児童に限らず，自分の考えや思いを言葉で表現することが苦手な児童の多くは，45分間一度も話すことなく授業が終わってしまうことも少なくありません。みんなの前で手を挙げて発表することが難しい児童も，ペアや少人数のグループであれば話すことができたり，友達の話を聞くことで，表現の仕方をマネして話したりし，「わかった」と実感できることがあります。
　　また，いくつかの選択肢の中から答えを選んで表現することも，ただ座って聞くだけの受け身の学習から，自分で考えて表現する学習へつながることが期待できます。

## 支援の実際

☆ペアやグループの友達に話す。
☆「○人の人と交換して読んでみよう。」
☆答えを選んで一斉に指でさす。
　　☆挿絵の順番をグループで話しながら，並べかえる。

「立つ」→「話す」→「座る」という動きをつけることで，気持ちの切りかえもできる。また，話し合いが進まないグループやペアが分かり，教師が支援しやすくなる。

# 授業づくりの7つの視点
－ユニバーサルデザインの視点を踏まえて－

CD-ROM 7

## 7 板書やワークシートの工夫

どこに書けばいいのかな　また書き終わらなかった・・・

- 音から文字を想起することが苦手（音韻認識の問題）
- 文字の形が取りにくい（空間認知の問題）
- 書字速度の遅さ（不器用さ）等

　読みや書きに課題のある児童に限らず，支援を要する児童の多くが，文字の書き誤りによる書き直しや時間の中で書き終わらないという経験から，「書くこと」へ意欲がもてなかったり，だた「書くこと」に精一杯で，学習内容が理解できていなかったりすることがあります。分かりやすい板書やワークシートの工夫は，失敗を防ぐことや「書くこと」に対する負担を軽減することにつながります。また，1時間の学習の流れが分かるノートづくりへとつながり，児童の「わかった・できた」という達成感となることも期待できます。

### 支援の実際

☆ノートの書き方のパターン化
　⇒「日付」→「題名」→「筆者」→「学習問題」という流れで書き始める。
☆板書とワークシートを同じにする。
☆センテンスカードを用意し，手元で見ながら書くことができるようにする。
☆時間の中で書き写せなかった部分は，センテンスカードを貼って完成させる。
☆お手本の文が示されているワークシートの工夫をする。

手元で見ながら書けるので，見て書くことへの負担を減らすことができる。

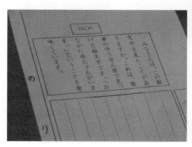

のりつけ部分を印刷しておくと，ノートへの貼り付けもスムーズにできる。

**上段に例文が示されたワークシート**

# 授業づくりのPDCAサイクル

## Plan 計画

### アセスメント

児童の弱いところ（困っているところ）から，つまずきのメカニズムをとらえ，強いところ（困っていないところ）を支援に生かします。

（アセスメントの例）
☆学習への関心・意欲　　　　　☆既習の学習内容の理解
☆得意（苦手）な認知特性のチェック
　例：千葉県総合教育センター「ＬＤ児等の行動兆候チェックリスト」
　http://db.ice.or.jp/nc/index.php?action=pages_view_main&block_id=1042&page_id=49&active_action=announcement_view_main_init#_1042
☆読みや書きの実態
　例：「読み名人テスト」
　海津亜希子『多層指導モデル　ＭＩＭ読みのアセスメント・指導パッケージ』学研
　「ひらがな単語聴写テスト」
　村井敏広『読みや書きが苦手な子どもへの〈つまずき〉支援ワーク』明治図書

### 教材研究

教材の特性をとらえることが，単元の流れや発問・板書の仕方等，よりよい支援につながります。

　　　　　☆指導計画　　☆単元で身に付けたい力
　　　　　☆単元を貫く言語活動の設定（国語）

### 授業デザインシートの作成

アセスメントと教材研究を生かし，予想されるつまずきから，７つの視点での支援を考えます。

| 学習活動 | 予想されるつまずき | ７つの視点での支援 |
|---|---|---|
| 1　「絵文字」〇×クイズをする。 | ・学習に対する意欲や心構えができない。 | ・これまでに学習したことを〇×クイズの形で提示し，楽しく学習の振り返りをする。（1）<br>・身体で，〇×を表現させる。（1） |
| 2　題名・筆者・学習問題を確認する。 | ・時間の中で書き終えることができず，意欲をなくす。 | ・「書く時間」が意識できるような，声かけをし，遅れずに書く活動に参加できるようにする。（2・7） |

> つまずきを予想し，７つの視点から支援を考え計画します。

> 視点の番号

## Do 実施

### 授業実践

7つの視点で考えた支援を取り入れた授業実践を行います。

## Check 評価

### 授業の振り返り

授業デザインシート（P30）やチェックシート（P31）で，7つの視点での支援の有用性を評価し，成果と課題を明らかにします。

| | | | |
|---|---|---|---|
| | ・何を書いて良いか理解することが難しい。 | ・ペアで相談できる時間を設ける。 | ◎ |
| | | ・色分けしたキーワードカードを提示し，教科書にマーカーで印しをつけさせる。(4) | ○ |
| 5 まとめをする。 | ・集中力の低下<br>・自分の考えを言葉で表現することが苦手である。 | ・筆者の考え（主張）を3パターン提示し，選ばせる。その際，ペアで立って自分の意見を伝えるようにする。(4・6) | △ |

→ 児童の参加の様子と理解の様子から，◎○△で評価します。

◆授業の振り返り

| 児童の様子 | 次時に向けての課題や改善点 |
|---|---|
| 導入の絵文字クイズは，○×を身体で表現させることで，全員が楽しく参加でき，学習への興味関心のスタートラインを揃えることができた。<br>ワークシートは，全員が時間の中で完成させることができ，分かりやすいものであった。 | 筆者の考えを3つの選択肢から選ぶことで，発表が苦手な児童も，どれを選んだか話すことができた。しかし，その根拠を自分の言葉で話すことは難しい児童もいた。個別に支援をする必要があったと考える。 |

→ 次時の授業へ向けて，振り返りをしましょう。

## Action 改善

### 支援の見直し

次の授業の計画に，授業実践で得られた成果と課題を生かします。

授業づくりの7つの視点は，特別な事ではなく，先生方誰でもがもっている授業づくりの視点だと思います。その視点に，児童のつまずきの背景やポイントを意識した支援が加わることで，ユニバーサルデザイン化された授業づくりにつながると考えます。
　この「ハンドブック」が，児童の「わかった・できた」と実感できる授業づくりに少しでも役立てていただけると嬉しいです。

CD-ROM 10

授業を支える
# 学級づくり

## 学級環境

支援を要する児童は，必要な情報を適切に選択したり，注意を持続したりすることが苦手です。教室内が分かりやすく整理整頓され，情報が精選されていることや生活のルールが明確な学級環境こそ，全ての児童が安心して参加し，「わかった・できた」と実感できる授業を支えることができます。

 児童の困っていること　　　 困難の背景にあること

### 1　視覚的刺激量を調整する

「どこが大切な所なのか分からない
あの絵が気になるな…」

● 必要な情報を取捨選択することが困難
● 情報に注意を向け続けることが困難　等

児童が学習に集中して参加するためには，教室内が整理整頓されていることと，その場に必要な情報が精選されていることが大切です。支援を必要とする児童の多くが，必要な情報の取捨選択や情報に注意を向け続けることに課題をもっています。

## 支援の実際

☆黒板は常にきれいに消され，必要のない情報が目に入らないようにする。
☆教卓の上は常にきれいにする。
☆提出物を置く場所や置き方が決まっている。
☆目隠しカーテンや布で覆うなどして，学習に必要のないものが目に入らないようにする。

板書に注意が向けやすい

目隠しカーテンで刺激を少なく

CD-ROM 11

授業を支える
# 学級づくり

## 2 聴覚的刺激量を調整する

あの音はなにかな・・・
気になるな
先生の話がよく
聞こえない

● 音に対して過敏である
 （聴覚過敏）
● 必要な音だけ拾うことが苦手である
 （聴覚情報処理能力の困難さ）

授業中，児童の耳に入ってくる音は，教師の声だけではありません。誰かが動く音，物を落とす音，水槽の音や外で車の走る音など，様々な雑音が入ります。通常であれば気にも止めない音であっても，聴覚に過敏さのある児童にとっては，集中の妨げになることがあります。

### 支援の実際

☆「静かにしなさい」と言わなくても済むよう，活動の前に声の大きさのレベルを示す（具体例：声のものさし）。
☆音の気になる児童の座席の位置を配慮する。
☆机間指導の声の大きさに気をつける（机間指導は，さりげなく）。
☆机と椅子の消音・防音をする（具体例：机の横はできるだけスッキリと！）。

活動の前に約束をする

2の声で相談しましょう

道具袋の"カチャカチャ"音が気にならないように！

授業を支える
# 学級づくり

## 3 学級のルールづくり

今は何をすればよいのかな　また「ダメ」って言われちゃった・・・どうすればいいのかわからない

- 見通しの悪さ
- 活動の手順の理解が困難
- 「暗黙のルール」の弱さ　等

　見通しのもてないことへの不安や「暗黙のルール」の理解の苦手さから，自由度が高すぎる活動に不安を感じる児童もいます。どの児童も安心して過ごしやすい場にするためには，ルールが必要です。そして，そのルールは，誰でも分かるように示されていることが大切です。

## 支援の実際

☆「話す時」「聞く時」のルールが示されていること（具体例：合い言葉で確認できる）。
☆タイムタイマー等を使って，活動時間の見える化をする。
☆ルールは，文字や言葉で示し，確認できるようにする。
☆児童の行動をほめるためにルールや約束をつくる。

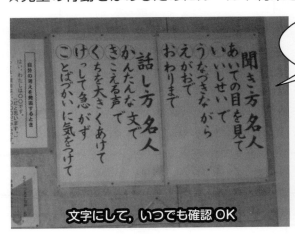

文字にして，いつでも確認OK

話し方名人「かきくけこ」
聞き方名人「あいうえお」

残り時間の「見える化」

CD-ROM 13

## 授業デザインシート

◆基本情報

| 月　　日　　曜日　校時 | 年　　　組　　指導者： |
|---|---|
| 題材名 | |
| 目　標（　／　時） | |
| 資　料 | |

◆授業展開

| 学習活動 | 予想されるつまずき | 7つの視点での支援 | 評価<br>◎・○・△ |
|---|---|---|---|
| | | | |

◆授業の振り返り

| 児童の様子 | 次時へ向けての課題や改善点 |
|---|---|
| | |

CD-ROM 14

## ユニバーサルデザインの視点を踏まえた授業づくりチェックシート

☆日常・本時における授業づくりについて振り返ってみましょう。
（あてはまるものに，チェックをしましょう。）

| 参加を促す視点 | | | |
|---|---|---|---|
| 1 | 導入の工夫 | 日常 | 本時 |
| ① | 学習に対する，興味・関心を高め，動機づけを図る導入の工夫をしている。 | | |
| ② | 学習に対する心構えができ，どの児童も安心して学習に参加できるような導入の工夫をしている。 | | |
| 2 | 学習への見通しがもてる | 日常 | 本時 |
| ① | 単元や１時間の学習の流れを提示し，見通しをもって学習に取り組むことができるようにしている。 | | |
| ② | 学習をルーチン（きまりきった手順）化し，学習の仕方に見通しがもてる工夫をしている。 | | |
| 3 | 明確なルールや約束 | 日常 | 本時 |
| ① | 学習用具の準備の仕方等，学習活動に必要なルールや約束が，いつでも確認できるように示されている。 | | |
| ② | ルールや約束は，学習活動の前に示す等，「事前対応」を心がけている。 | | |
| 理解を促す視点 | | | |
| 4 | 多様な感覚を生かして学べる場の工夫 | 日常 | 本時 |
| ① | 集中力を高めたり，気分を切り替えたりできるような学習活動の工夫をしている。 | | |
| ② | 「聞く」「見る」「話す」「書く」「読む」等，多様な感覚や入力方法を組み合わせた学習を工夫している。 | | |
| 5 | 教師の指示や発問の仕方 | 日常 | 本時 |
| ① | 児童の活動の妨げとならないような，指示や発問の仕方をしている。 | | |
| ② | 抽象的な表現ではなく，具体的な表現での指示や発問をしている。 | | |
| ③ | 言葉だけでなく，声の抑揚や表情等にも気をつけ，伝わりやすい指示や発問の仕方を工夫している。 | | |
| 6 | 友達との学びの場や選択場面の設定 | 日常 | 本時 |
| ① | ペア学習やグループ学習等，全員が自分の思考を整理し，表現できる場面を設定している。 | | |
| ② | 学習の形態を工夫したり，答えを選んで表現したりできる場面を設定し，ただ座って聞くだけの学習にならない工夫をしている。 | | |
| 7 | 板書やワークシートの工夫 | 日常 | 本時 |
| ① | １時間の学習の流れが分かるような板書を工夫している。 | | |
| ② | 「書くこと」だけに精一杯にならないよう，書く量の配慮や書き写しやすいような支援をしている。 | | |
| ③ | 「わかった・できた」という満足感や達成感を実感することができるような，ノートづくりができる工夫をしている。 | | |
| 学級環境 | | | |
| 教室環境や学級のルールづくり | | 日常 | |
| ① | 教室が整理整頓され，児童にとって学びやすい環境づくりがされている。 | | |
| ② | 児童が安心して過ごし，互いに認めあうことができる学級のルールづくりがされている。 | | |

# まとめ

　本ハンドブックは，平成25年度千葉県長期研修生として「通常の学級に在籍する読字・書字困難を抱える児童を包括する国語の授業づくり」をテーマに取り組んだ研究のまとめとして作成したものです。

　現在通常の学級の中には，様々な困難を抱えた児童が在籍していることが予想されます。その児童一人ひとりに個別に対応していくことには，やはり限界があります。でも，子どもたちは「勉強をしたい。」「がんばりたい。」という思いをたくさんもっています。その思いに寄り添い，応えるにはどうすればよいのか・・・そんな思いから始まった研究です。

　本ハンドブックの中に示した，授業づくりの視点は，どれも特別なものではなく，先生方にとっては，「あたりまえの視点」と言えると思います。その「あたりまえの視点」に，児童たちのもっている困難さという視点が加わることで，児童の思いに寄り添った支援ができると考えています。

　まだまだ十分な研究ではありませんが，本ハンドブックが，少しでも児童たちの思いに応える授業づくりや指導に悩む先生方のお役に立てることを願っています。


主な参考・引用文献
- 佐藤愼二著『通常学級の特別支援－今日からできる！40の提案－』（日本文化科学社）
- 佐藤愼二著『通常学級の特別支援セカンドステージ－6つの提言と実践のアイデア50－』（日本文化科学社）
- 中尾繁樹編『通常学級で使える「特別支援教育」ハンドブック　これ1冊で基礎知識から実践スキルまで』（明治図書）
- 海津亜希子編『多層指導モデルMIM　読みのアセスメント・指導パッケージ』（学習研究社）
- 村井敏広著『通常の学級でやさしい学び支援2　読み書きが苦手な子どもへの〈つまずき〉支援ワーク』（明治図書）
- 山形県教育センター『ユニバーサルデザインの視点を取り入れた授業づくりハンドブック』

イラスト
- 『かわいいフリー素材集　いらすとや』　http://www.irasutoya.com/

# 実践 「授業づくりハンドブック」を活用した国語科の実践とその評価

1　単元名　　絵文字を見つけて　しょうかいしよう
　　教材名　　くらしと絵文字（教育出版）

2　単元について
（1）　学習指導要領との関連

> C　読むこと
> （3）目的に応じ、内容の中心をとらえたり段落相互の関係を考えたりしながら読む能力を身に付けさせるとともに、幅広く読書しようとする態度を育てる。
> イ　目的に応じて、中心となる語や文をとらえた段落相互の関係や事実と意見との関係を考え、文章を読むこと。

（2）　単元の目標
段落と段落のつながりに気を付けて、説明文を読んだり、書いたりしようとする。
【関心・意欲・態度】
○　段落と段落のつながりやまとまりを考えながら、「絵文字」が広く使われているわけを読み取ることができる。
【読むこと】
○　説明の「始め－中－終わり」に気を付けて、自分が見つけた「絵文字」を説明する文章を書くことができる。
【書くこと】
○　指示語や接続語が文と文との意味のつながりに果たす役割を理解することができる。
【伝統的な言語文化と国語の特質に関する事項】

（3）　教材について
　本教材「くらしと絵文字」では、筆者はくらしの中でたくさんの絵文字が使われている理由を三つの特長から説明している。「第一の特長は」「第二の特長は」「第三の特長は」という書き出しで順序立てて書き、それぞれの特長を説明するために多くの事例が示されている。そのため、児童にとって読み進めやすい教材文であると思われる。また、本教材は「始め－中－終わり」の説明文の特徴である三段構成で分かりやすく書かれている。筆者は、「始め」の部分では、昔の絵文字を引き合いに出し、「中」の部分では、現在使われている絵文字を例に出し、その特長を詳しく説明している。「終わり」の部分では、絵文字を「これからのわたしたちのくらし」との関係で説明しており、過去、現在、未来という時間の流れを全体の構造の中に見いだすことができる。それらと、最後の筆者の主張をつなげて読むことで、絵文字と私たちのくらしの関わりの深さや筆者の託す未来への期待を読み取らせたいと考える。
　単元の終末では、読み取った説明の仕方を生かし、「自分が見つけた絵文字を説明する文を書く。」という活動を設定することで、単元を通して、目的意識を大切にしなが

ら読み取れるようにしていきたい。

### 3 学級の児童の様子

今回は、主に読みのつまずきをとらえるために、「多層指導モデルMIM」の『MIM－PM－読み名人テスト－』と書きのつまずきをとらえるために『ひらがな単語聴写テスト』をアセスメントとして採用した。どちらも、特殊音節に焦点をあて、児童の読字・書字のつまずきとその背景をとらえるものである。通常の学級の中で、一斉に実施することが可能で、分析方法も分かりやすいと考え採用した。しかし、『MIM－PM－読み名人テスト』については、小学校低学年児童を対象としたアセスメントである。標準得点表を参考に、指導者が定めた評価規準に基づいて分析した結果である。

なお、本実践では、学習上の困難さを抱える5名の抽出児童を中心に評価する。

【表1　アセスメントの結果と児童の様子】

| アセスメントの目的 | 学級全体の結果 | 抽出児童の結果 |
|---|---|---|
| ①「MIM 読み名人テスト」（多層指導モデルMIM　学研）正しい表記の語を素早く認識する力と語を視覚的なかたまりとして素早くとらえる力といった、主に「読み」のつまずきをとらえるため | MIMの標準得点表にあてはめると、第2学年の9月段階に相応する結果であった。全体的に語いの少ないことや言葉をまとまりでとらえることに課題がある結果となった。 | MIMの標準得点表にあてはめると、第1学年12月段階に相応する結果であった。特に、5名ともに語を視覚的なかたまりとして素早くとらえる力に大きな課題がみられた。 |
| ②「ひらがな単語聴写テスト」（読み書きが苦手な子どもへの〈つまずき〉支援ワーク　明治図書）音韻認識の弱さと空間認知・時間感覚の弱さと注意力の弱さなどからくる、主に「書き」のつまずきをとらえるため | 誤答数の平均が2.8と、3年生の平均1.01と比べても多い結果であることが分かった。「要注意群」が3名、「困難群」が3名であり、特に特殊音節表記に誤りが多くみられた。 | 「要注意群」2名、「困難群」3名であった。「要注意群」の2名は、拗促音（しょっき等）の表記ができなかった。5名は、空間認知・時間感覚の弱さと注意力の弱さからくる誤りが多くみられた。 |
| ③国語全般の学習事項の定着と情意を把握するためのテストやアンケート（自作）　主に、説明文の読み取りに対する力と国語の学習に対する情意面をとらえるため | 説明文の読み取りでは、「問い」と「答え」の文を見つける課題で正答率が低く、定着が十分でなかった。国語の学習に対しては、55％が「嫌い」の傾向にあり、「音読が苦手」という児童も55％であった。 | 教科書に載っている説明文を最後まで自分で通読することは、5名とも困難であった。テストでは、表記で答える問題に対して、3名の児童が空欄であった。その3名は、国語の学習は「嫌い」と答えている。音読に対しても、4名が「苦手」と感じている。 |

注：『MIM－PM－読み名人テスト』は、小学校低学年での早期のつまずきと早期支援を目的とした、指導プログラムと共に実施することを目的としたアセスメントであるが、今回の研究では、指導プログラムについては未実施である。

## 4 指導の工夫

### (1) 児童の国語への苦手意識を踏まえて

事前のアセスメントと日常の児童の様子から、「言葉だけの指示理解が難しい。」「何をしていいか分からない事がある。」といった部分で困難さを感じている児童が多いことが分かった。この結果から、「視覚的な支援」が必要であり、有効であると考えた。また、音読することに関しては、「あまり好きではない。」と答えた児童が多く、読むことに対して積極的でない傾向が示唆された。また、新しい学習に対する不安感から、取組が消極的になりやすい傾向があることも分かった。そこで、本単元では、このような苦手さや困難さに対応する手立てとして、以下のような工夫を取り入れた授業づくりを行っていくことする。

> ○ 学習をルーチン（決まりきった手順）化し、不安感をなくす。
> ○ 音読の仕方を工夫し、意欲がもてるようにする。
> ○ 書くことへの負担や書く速さの個人差への対応をする。
> ○ 視覚的な支援を有効に使い、学習のねらいの達成をめざす。

### (2) 7つの視点の活用－ハンドブックに基づいて－

学級の児童の様子を踏まえ、ハンドブックに基づいた7つの視点での支援を考え、学習指導案上で具体化することとした。

| | |
|---|---|
| ①導入の工夫 | 「絵文字クイズ」等を実施し、学習のスタートラインを揃え、全員が学習への参加の準備ができるようにする。 |
| ②学習への見通し | ホワイトボードに学習の流れを示したり、「学習予定表」を作成したりして、ねらいややることを明確にし、見通しと安心感をあたえる。 |
| ③明確なルールや約束 | 学習の用意の仕方を視覚的に分かるよう示す等、学び方や学習の進め方などの基本的な学習のスキルを身に付け、失敗せずに学習に参加できるようにする。 |
| ④多様な感覚を生かして学べる場 | 写真を活用したり、「立つ」「座る」「指でさす」等の活動を取り入れたり、様々な感覚を生かして学べる場を設定し、児童一人ひとりの学び方の違いに対応することができる。 |
| ⑤教師の指示や発問 | 一文一動作での指示や具体的な言葉での指示や発問、肯定的な言葉かけをすることで、「わかった・できた」を実感できるようにする。 |
| ⑥友達との学びの場や選択場面 | 自分の考えを表現したり、友達の考えを聞いて理解したりする場面の設定やいくつかのヒントから選ぶ活動を通して、一部の児童の発表を聞き、分かった気持ちにならないように学習できるようにする。 |
| ⑦板書やワークシートの工夫 | ワークシートと板書を揃えたり、センテンスカードを活用したりして、書くことが苦手な児童も、1時間の中でノートやワークシートを完成させることができるようにする。 |

5 指導計画（9時間）※「指導の工夫」の欄の①〜⑦は、ユニバーサルデザインの視点

| 時 | 目標 | 学習活動 | 指導の工夫 ルーチン | 指導の工夫 読みへの配慮 | 指導の工夫 書きへの配慮 | 指導の工夫 視覚の重視 |
|---|---|---|---|---|---|---|
| 1 | 「絵文字」に興味をもち、学習課題を考える。 | ・題名から、どんなことが書かれているか予想する。<br>・全文を読み、「問い」と「答え」の文をみつける。 | 導入時には、全員が一斉に答えることができるクイズ① | ルビ付き教材文の用意④ | キーワードの言葉を穴あきで示したワークシート⑦ | 大型テレビへの教科書の文の提示④ |
| 2 | 内容を大きく三つのまとまりに分けることができる。 | ・全文を通読し、「はじめ－中－終わり」に分ける。 | 学習の進め方②クイズ→学習問題→音読→ワークシート→まとめ→振り返り | 教師と児童が交代でマル読み⑤⑥ | 手元で確認しながら書くことができるようセンテンスカード⑦ | 「問い」と「答え」の文を色分けして示し、「はじめ」と「終わり」の視覚化④ |
| 3 | 「絵文字」についての定義を知り、説明する時の文型を理解する。 | ・「はじめ」（①〜④段落）を読み、「絵文字」の定義や暮らしの中での役割を読み取る。 | ノートの書き出し③⑦<br>題名→筆者→学習問題 | 教師と児童が交代で句読点読み（点マル読み）④⑤ |  | 難解語句の写真④<br>ペアでセンテンスカードの並べかえ⑥ |
| 4 | 「絵文字」の特長について読み取り、三つの特長と挿絵の関係を理解する。 | ・「中」（⑤〜⑫段落）を読み、絵文字の三つの特長を読み取る。<br>・絵文字の特長と挿絵を対応させる。 |  | 列毎に交代で形式段落読み④⑥ | 書き終わらない時には、センテンスカードを貼ることができるワークシート③⑤⑦ | 教科書の挿絵と文の対応をとらえることができる板書⑦ |
| 5 | 「特長」と「事例」の書き方の順序と分かりやすさに気づくことができる。 | ・「特長」と「事例」を分け、筆者の書き方の特長を考える。 |  | 文の内容と挿絵を対応させながら読む、挿絵提示読み④⑥ |  | 「特長」と「事例」の段落の色分け④⑦ |
| 6 | 「事実」と「意見」の順序や表現の仕方について理解する。 | ・「終わり」（⑬〜⑮段落）を読み、筆者の考えを読み取ることができる。 |  | 「マル読み」「句読点読み」「形式段落読み」からペアで選択⑥ | キーワードの言葉を穴あきで示したワークシート⑦ | 筆者の写真を提示⑤ |
| 7・8 | 自分が紹介したい「絵文字」の紹介文を書くことができる。 | ・紹介したい絵文字を決め、紹介文を書く。<br>・三つの特長のどの特長にあてはまるか考えて書く。 | 学習の進め方②<br>漢字カード→学習問題→書く→交換→振り返り | 書き終わった児童→「音読貯金」③ | ヒント付き（例文）ワークシートとヒント無しワークシート⑦ | 「はじめ」「中」「終わり」が意識できる、色分け③⑦ |
| 9 | 書いた文を友達と交換して読み、交流することができる。 | ・友達と交換し、それぞれの「書き方のよさ」を見つけながら読む。 |  |  |  | ペアで交換して読んだ後に自由に交換できる場の設定⑥ |

## 6 授業展開例（7／9時間）

(1) 目標

　　○紹介したい絵文字を選び、分かりやすく説明する文を書こうとする。

　　　　　　　　　　　　　　　　　　　　　　　　　　　　　（関心・意欲・態度）

　　○「はじめ－中－終わり」を意識して、絵文字を説明する文を書くことができる。

　　　　　　　　　　　　　　　　　　　　　　　　　　　　　　　　　（書くこと）

(2) 展開

| 時配 | 学習活動 | 指導の工夫（評価◇）<br>ユニバーサルデザインの視点①～⑦　個別的支援⑱ | 資料 |
|---|---|---|---|
| 10 | 1　学習への見通しをもつ。<br>　・学習道具の準備<br>　・学習の流れの確認<br>2　ウォーミングアップの活動をする。<br>　・漢字ドリル<br><br>3　学習問題を確認する。 | ・机の上に準備する物を写真で示しておく。③<br>・事前にホワイトボードに学習の流れを示し、いつでも確認できるようにする。②<br>・大型テレビに「くらしと絵文字」で学習する漢字を映し、テンポよく読む。<br>・列毎に交代で読むことで、全員が参加できるようにする。① | |
| | 「はじめ－中－終わり」に気を付けて、絵文字をしょうかいする文を書こう。 | | |
| | 4　自分が紹介する「絵文字」を確認する。 | ・「はじめ－中－終わり」をキーワードとして示し、意識して書くことができるようにする。<br>・ペアで話して、確認する。⑥<br>・紹介する絵文字が決まっていない児童には、絵文字のカードを用意しておき、そこから事前に選んでおく。⑱<br><br>◇紹介したい絵文字を選び、説明する文を書こうとしている。（観察） | 絵文字カード |
| 10 | 5　書き方の手順を確認する。<br>①「はじめ」の部分<br>　・どこで見つけた絵文字か。<br><br>②「中」の部分<br>　・三つの特長のどれにあてはまるか。<br>　・どんなことを意味する絵文字か。<br><br>③「終わり」の部分<br>　・自分の意見や感想を書く。 | ・色分けしたカードに示し、「はじめ－中－終わり」のどこの部分かが、視覚的にもとらえやすいようにする。④<br><br>・聞くだけの時間にならないよう、児童が読んだり、指さして選んだりする活動を入れながら説明する。④<br><br>・教師が書いた例文と合わせて確認することで、表現が苦手な児童も、表現の仕方に見通しがもてるようにする。⑱ | 手順カード |

| | | | | |
|---|---|---|---|---|
| 15 | 6 | 書き方の手順にそって自分の絵文字を紹介する文を書く。 | ・本時では、「はじめ」と「中」の部分を完成させることが目標であることを伝え、学習への見通しをもたせる。② | ワークシート |
| | | | ・活動時間の目安を示してから、活動を始める。② | |
| | | | ・書けない時や分からない時にどうすればよいかを示し、安心して取り組むことができるようにする。③ | |
| | | | ・最後に、友達と交換して読むことを伝え、丁寧に書くことができるようにする。㊞ | |
| | | | ・「はじめ」「中」「終わり」と一枚ずつの色分けしたワークシートを用意し、どの部分を書いているかわかるようにする。⑦<br>◇説明する文の「はじめ」と「中」を書くことができたか。（ワークシート・観察） | |
| 10 | 7 | 2人の友達と交換して読み合う。 | ・二人の友達と自由に交換してよいこととし、動ける場面を確保する。④⑥<br>・自分から友達と交換できない児童には、教師が声をかけ支援する。㊞ | 学習予定表 |
| | 8 | 振り返りをする。<br>・振り返りカードに記入する。 | ・◎○△で簡単に振り返りができるようにする。<br>・次時に完成をめざすこと伝え、見通しをもたせる。② | |

（3）主な支援に対する児童の様子

|  | 学級全体 | 抽出児童 |
|---|---|---|
| 色分けした<br>ワークシート | 「はじめ」「中」「終わり」を意識して書くことにつながった。また、ワークシートの上に、書くことのキーワードのみ示したワークシートと例文を示したワークシートの2種類を用意し、自分で選ぶことができるようにした。ワークシートを選ぶ際に、自分で何を書けばよいか考える様子もみられた。 | 「はじめ」「中」「終わり」と分かれていることで、書く内容の焦点化をはかることができた。また、1枚に書く量が少ないので集中できた。また、ワークシートを取りに行く時必然的に動ける場が設定でき、気持ちを切り替えることにもできた。「はじめ」では、全員が例文つきのものを選んだが、「中」の部分は、キーワードのみのワークシートを選ぶ児童もいた。 |
| 友達と交換して読み合う場面 | 「聞く」－「書く」という学習活動が多かったので、学習の最後に動ける場面ができ、気持ちを切りかえることにつながった。 | 友達の書いたワークシートを最後まで声に出しながら読んでいる姿がみられた。交換した後に、友達の表現をまねして書き直す児童もいた。 |
| 授業全体を通して | 全員が時間の中で目標であった「中」の部分まで書き終えることができた。「できた」という自己評価が前時に比べ10％以上高まった。 | 「読む」という学習活動から「書く」という学習活動へ変わり、学習のパターンの変化にやや不安感をもった様子がみられた。 |

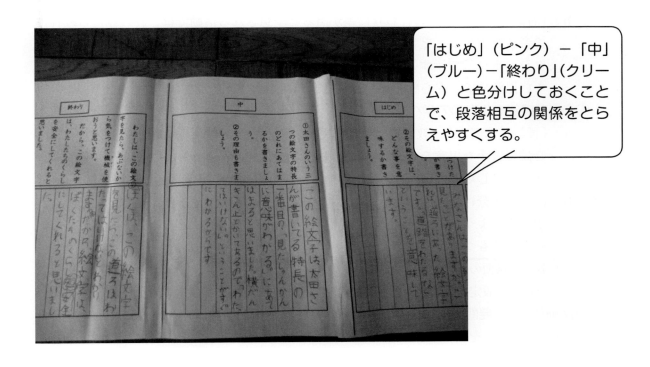

「はじめ」（ピンク）－「中」（ブルー）－「終わり」（クリーム）と色分けしておくことで、段落相互の関係をとらえやすくする。

## 7　7つの視点の実践とその評価
### （1）　ビデオ分析より

　　　本実践研究では、授業の様子をビデオに収め、授業者である筆者の行動観察と合わせて、児童の様子を評価した。

①導入の工夫

　　「絵文字クイズ」－導入時には、「絵文字クイズ」を行った。教室の大型テレビに問題を映し出し、一部の児童が答えるのではなく、一斉に指で差したり、○×を身体で表現したりするようにした。「せーの」と一斉に指で差すので、間違えても気にならず、答えに自信が無い時でも、楽しみながら参加することができた。「絵文字」に対して興味をもつことにもつながり、学習への動機づけとスタートラインを揃えることにつながった。

②学習への見通し

　a）学習の予定をホワイトボードに書き掲示－毎時間「学習の予定」をホワイトボードに書き提示した。学習をルーチン化することで、「昨日と同じだ」と安心して学習に取り組むことができた。

　b）単元全体の「学習予定表」－単元全体の学習計画を示すことで、「明日からは、絵文字の紹介文を書くね。」や「あと○時間で終わりだ。」と学習のゴールを意識する発言につながった。

③明確なルールや約束

　a）学習の用意の仕方を写真で示す－休み時間に、学習に必要な道具と机の上の状態を写真で示した。教師が声をかけなくても用意することができ、全員がスムーズに学習に取りかかることができた。写真で示すことで、整理整頓の苦手な児童も、机の上がスッキリとした状態で学習に取りかかることができ、集中力も高まった。

　b）「音読貯金」－活動の終わりに差が出ると予想される活動では、終わったら教科書の音読をすることを「音読貯金」として毎回約束した。音読した数をノートやワークシートに○で示すことで、意欲的に取り組む姿が見られた。活動が終わっていない児童には、安心感となり、最後まで集中することができた。

④多様な感覚を生かして学べる場

　a）「挿絵提示読み」－教科書の挿絵と文を対応させながら読む「挿絵提示読み」では、音読の苦手な児童を挿絵提示役にするなどし、苦手さがあっても学習に参加できるようにした。友達の音読に合わせて、正しく挿絵を提示することができた。

　b）段落の色分け－段落を色分けし示すことで、文章の構成を視覚的にとらえることができるようにした。「特長」と「事例」の関係を正しくとらえ、その後の文を書く学習にもつながった。

　c）動ける場面の設定－1時間の授業の中の後半に必ず「立つ」場面や「指でさす」といった場面を設定することで、注意集中の短い児童も、最後まで集中して学習に参加できた。

⑤教師の指示や発問

　a）「うちわ」を使った指示－児童が活動している時には、できるだけ静かな環境を

作るため、声に出して指示することのないよう「うちわ」を使った指示の出し方を工夫した。アイコンタクトでの意志疎通ができるようになり、指示に気づいた児童がうなずく姿が見られるようになった。また、うちわの裏に「バッチリ」「はなまる」と貼り、児童の活動の即時評価をすることで、児童の笑顔が見られた。

⑥友達との学びの場や選択場面の設定
  a）ペアでの話し合い－ペアで相談したり、考えを伝えたりする活動は、挙手をして発表することが苦手な児童でも、自分の考えを表現することができる場となった。
  b）センテンスカードの並べ換え－センテンスカードを並べ換える活動は、自力での読み取りが難しい児童でも活動でき、達成感につながった。

⑦板書やワークシート
  a）ノートの書き方のパターン化－ノートの書き出しは、毎回「日付」→「題名」→「筆者」→「学習問題」という流れで毎回同じにすることで、「書くこと」が苦手と感じている児童も遅れずに取りかかることができた。
  b）「センテンスカード」の活用－センテンスカードを用意することで、手元で見ながら書くことができるようにした。また、書き終わらなかった時には、センテンスカードを貼ってよいこととした。書くことが苦手な児童も、授業の時間の中でワークシートを完成させることができた。
  c）ワークシートの上段に例文を示す－紹介文を書く学習では、例文を示したワークシートと書くことのポイントのみ示したワークシートの２種類を作成した。文を書くことに苦手意識がある児童も、書き出し等が分かることで、その後の文を考えることにつながり、全員が時間の中で書き終えることができた。また、ワークシートをノートに貼る時の、糊付け部分を事前に印刷しておくことも、学習の流れが分かるノート作りをする上で有効であった。

（２）　評価テストから
  単元終了後に学習内容の理解を評価するために市販のワークテストを実施し、今回の授業で行った７つの視点での支援と学習の理解についての有用性を評価した。「読み取り」の力を問う評価テストにおいて、学級全体の平均（94点）、抽出児童の平均（89点）と共に全国平均（83点）を上回った。評価基準にあてはめると、Aの児童が17名（85％）、Bの児童が3名（15％）であった。単元の重要問題とされる思考力を評価する問題では、19名（95％）の児童が正答することができ、単元のねらい「まとまりに気をつけて、大事なことを正しく読み取ることができる」について、達成できたと考える。

  「読み」や「書き」に困難さが予想された抽出児童５名については、この単元の学習前のテストでは、空欄での回答欄も目立ったが、今回のテストでは、空欄で回答することはなかった。これは、授業の中での「わかった」「できた」経験が、評価テストの場面でも、「わかる」「できる」といった、自信につながったと示唆される。このことからも、児童の自己肯定感が、学習に対してのやる気や自信とつながり、その結果が、学習の理解につながるということがいえよう。

また、今回のテストを実施するにあたり、「読み」の困難さがある児童に対して、問題文にルビをふるという支援を行った。その結果、上にも示したように、空欄で回答することもなく、最後まであきらめずに取り組むことができ、評価基準で考えても、Bという結果を得ることができた。本児童は、授業の中での「挿絵提示読み」の場面でも、音読を聞いて、それに合った挿絵を選ぶこと等はできており、内容理解はできていることが示唆された。しかし、音読等は、語をまとまりでとらえることが難しかったり、漢字の読みも十分でなかったりするため、これまでは、「読むこと」そのものをあきらめてしまい、評価テストの場面でも十分な評価を得ることができなかった。今回、ルビをふるという支援を行った結果、評価テストでも十分な結果を得ることにつながったが、このような支援を取り入れることは、教師側の意識の違いや周りの児童の理解等課題が残る。「読み」が苦手な児童に対して、問題文の読み上げや「書き」が苦手な児童に対して、平仮名での回答を認めるなど、今後、"合理的配慮"の提供という点からの検討も必要である。

（3）　児童の自己評価から
　①授業アンケートから
　　今回の授業では、毎時間「わかった」「できた」「楽しかった」という3項目に対して、◎○△で児童の自己評価を行った。◎を3点・○を2点・△を1点と数値化し、その平均からそれぞれの項目に対する、児童の成就感の割合を算出した（平均3点を100％と考える）。

図1「わかった」の自己評

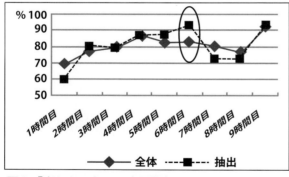

図2「できた」の自己評価

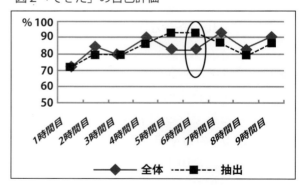

図3「楽しかった」の自己評価

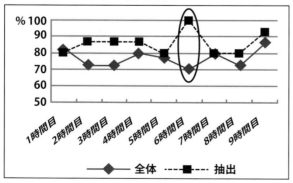

6時間目で、学級全体と「読み」や「書き」に困難さが予想される抽出児童の自己評価が全ての項目で逆転している。

抽出児童については、1時間目の「わかった」に対する自己評価が60％とやや低い。これは、初読の文章に対する苦手意識や不安感が低い評価につながったと予想される。その後の時間においては、読み取りの学習の最後6時間目まで80％以上の高い割合を示しており、特に6時間目の評価は、学級全体に対して、抽出児童の評価が大きく上回っている。これは、学習のルーチン化による、見通しと安心感があったことで高い評価につながったと考えられる。学習活動が、「読む」から「書く」に変わる7時間目でやや低くなることからも、見通しと安心感が授業の成就感につながることが分かった。

　しかし、学級全体としては、ルーチン化がマンネリ感となることが、「楽しかった」という項目に対する自己評価がやや低いことや4時間目から6時間目の評価が下がっていることから示唆される。単元の最後では、どの項目に対しても高い評価であった。これは、単元を通して学習に対する成就感を感じることができたことによるものと考える。これらのことから、今回の授業を通して行った支援は、全ての児童を包括する授業として有効であったことが考えられる。

②7つの視点に関するアンケートから

図2「できた」の自己評価

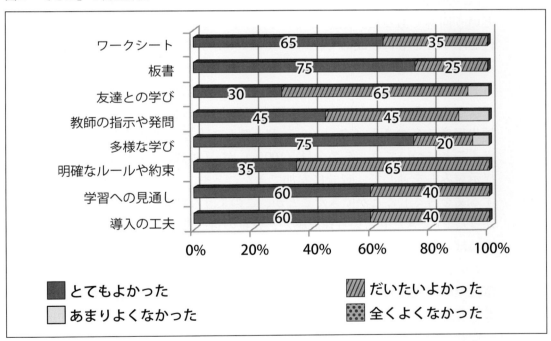

　7つの視点での支援の有用性について、単元終了後に児童へのアンケート調査を行った。全ての項目で、90％以上の児童が「とてもよかった」「だいたいよかった」と評価した。
　特に、「多様な感覚を生かした学び」として、写真や大型テレビを使っての視覚的な

教材提示や、「立つ」「座る」「指でさす」といった必然的に動ける場を設定した学習活動にしての評価は高く、授業への参加度を高めることができたと考える。読む、見る、聞く、動く等の活動を同時・複線的に取り入れる学習形態については、先行研究においても重要とされているが、改めてその有用性を示すことができたと考える。導入の工夫として行った「絵文字クイズ」や、学習の見通しとして示した「学習の予定」に対する評価も、「とてもよかった」「だいたいよかった」を合わせると100%と高い評価であった。児童にとって、学習のスタート段階で「できそう」と感じることと、学習の見通しが、学習に対する安心感となり、参加への意欲を支えるものになり得るといえよう。このような導入段階の工夫は、どの児童にも「安心感」をあたえることになり、正に、ユニバーサルデザインの一つであることが示された。

③国語の意識調査から

　単元の最後に行ったアンケートでは、国語の学習が「好き」な傾向にある児童に変容がみられた。単元前には45％であったものが、単元終了後には70％の児童が「好き」と答えている。特に、「読む」こと「書く」ことに困難さがみられた5名の児童については、全員が「好き」と答えている（単元前は2名）。このことからも、学習への成就感を感じることができたことが示唆される。

　「この学習をしてよかったか？」という質問に対しても、全ての児童が「よかった」という回答であった。児童にとって、学習に参加できることと理解できることの重要性を示すとともに、改めて、ユニバーサルデザインの視点での授業づくりの可能性を示すことができたといえよう。

　また、今回の授業は、「読み」や「書き」の困難さそのものの改善につながるものではなく、そのことを目的とした授業ではなかった。しかし、授業後のアンケートで、抽出児童5名のうち4名（80％）が、読むことが「得意になった」と回答している。書くことについては、5名全員（100％）が、「得意になった」と回答している。「挿絵提示読み」を通して、音読に参加できたことや、単元のゴールとして設定した「説明する文を書く」ことができたことが、このような結果につながったと考えられる。「わかった」「できた」という達成感が、児童の自己肯定感を支え、学習への前向きな取組やねばり強さにつながることはいうまでもない。このことからも、ユニバーサルデザインの授業として考える、全ての児童が「わかった・できた」を実感することができる授業の実現において、今回示した7つの視点での支援の有用性の手応えを感じることができた。

　これらの7つの視点の支援は、児童にとって安心感と学習の理解につながるといった有用性を示すことができた。しかし、全ての授業、全ての学級に今回の支援が有効であるとは言えない。大切なことは、それぞれの視点の支援に、児童の様子や教科の特性等に加え、「何のために」この支援が必要かを指導者側がしっかりと考えることであろう。

# 2. 算数科における実践

CD-ROM 16

**提案** 入門期の計算指導ユニバーサルデザイン・アイデア集

## 1. 数の基礎概念を育てる導入の工夫

### 1 ドットカードを見て数詞を言う

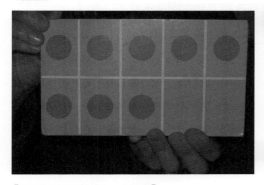

【使用する教材・教具】
ドットカード（教師用算数セットに入っているもの）

— 内容・方法 —

①ドットカードを1枚ずつ提示する。

後ろから前にカードを送るとスムーズです。指サックをつけるとすべらずやりやすいです。

②児童が答える際には早さを要求すると引き締まる。

「〇〇ちゃん、速い！」等の声かけは効果大！どんどん乗せちゃいましょう。

③ドットの並びを映像として覚えることを意識し、量と数詞の一致を図る。

### 2 数字カードを見て数詞を言う

— 内容・方法 —

①数字カードを1枚ずつ提示する。

昇順、降順、ランダムと変化をつけます。

②似ている数詞、同じ数字でも言い方が違う数詞等は何度も繰り返す。

「いち」と「しち」、「し」と「しち」等は間違えやすいので要注意です！

「よん」と「し」、「なな」と「しち」は同じであることを分かってない児童もいます。

## 3 ドットカードを見て数字を書く

### ― 内容・方法 ―

①ドットカードを1枚ずつ提示する。

「6」と「9」、「3」と「8」等、間違えやすい数字は意図的に出題しましょう。

②児童が数字を書いて答える。

ドットを見る際、1個ずつ数えている児童はまだ直観で数を捉えられていないので、支援が必要です。

③量と数字の一致を図る。

## 4 数字カードを見て指で示す

### ― 内容・方法 ―

①数字カードを1枚ずつ提示する。
②児童が答える際に数を指で示すようにする。
③数字と指の動きをマッチングさせることで数字と量の一致を図る。

## 5 数詞を聞いて指で示す

### ― 内容・方法 ―

①教師が数詞を言う。
②児童が数詞に合う数を指で示す。
③数詞と指の動きをマッチングさせることで数詞と量の一致を図る。

## 6 数詞を聞いて数字を書く

### ― 内容・方法 ―

①教師が数詞を言う。

意図的に4では「し」、7では「しち」9では「く」と言ってみましょう。恐らく「し？何だっけ？」と問い返す児童がいます。

②児童が数字を書く。

## 7 指体操

― 内容・方法 ―

①リズムに合わせて1から順に10まで指を動かす。

「1・2・3 1・2・3 4・5・6・7・8・9・10(「ジュウ」と同時に手を叩く」
(イチ・ニ・サン イチ・ニ・サン シ・ゴ・ロク・シチ・ハチ・ク・ジュウ) (パチン)

②教師「じゅういち」 児童「じゅういち」と言いながら「パチン」と手を叩き、1を出す。
10より大きい数は下記のように行う。20は「パチンパチン」と2回手を叩く。

手を上に上げると参加度が高まり、盛り上がります。

【参考文献】上原淑枝『「上原式ゆび計算」で楽しいかず・計算学習』明治図書 2011

＊「イチ・ニ・サン」は、2回繰り返します。逆順で10からやってもおもしろいです。

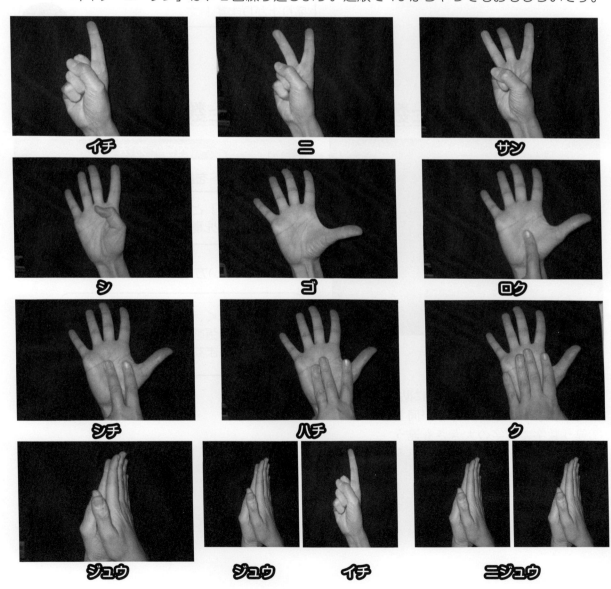

## 8 数字と数字

— 内容・方法 —

①教師が2枚の数字カードを提示する。

「6」と「9」、「3」と「8」等、似ている数字
「7」と「8」、「6」と「7」等、近い数

②児童が大きい方（小さい方）の数字を言う。

わざと逆さまにカードを提示すると、盛り上がります！

## 9 大きく書いた数字と小さく書いた数字

— 内容・方法 —

①教師がカードを提示する。

思わず「1！」と言ってしまう児童もいます。

②児童は大きい方（小さい方）の数を言う。

一斉だけでなく、列ごと、男女別、一人ずつ等緊張感を加えることで集中度が増します！

【使用する教材・教具】
数字カード
（A4サイズで作り板目表紙に貼ったもの）
①違う数字で文字の大きさが同じ
②違う数字で文字の大きさも違う
③同じ数字で文字の大きさが違う

## 10 大きなトランプと小さなトランプ

【使用する教材・教具】
100円ショップ等にあるビッグトランプと普通サイズのトランプ

― 内容・方法 ―

①教師が大小のトランプを提示する。

> 低学年は、紙の大きさや形、色が変わっただけで分からなくなってしまうことがあります。
> いろいろなパターンで練習して般化することが大切です。

②児童は大きい方（小さい方）の数を言う。

## 11 ドットとドット

― 内容・方法 ―

①教師が2枚のドットカードを提示する

> 数字同士よりも難易度が高くなります。ドットの並びを映像として覚え、直観で10までの数を捉えられるようにします。

②児童は大きい方（小さい方）の数を言う。

## 12 ドットと数字

【使用する教材・教具】
ドットカードと数字カード
(教師用算数セットに入っているもの)
または、Ａ４サイズで作成し板目表紙に貼ったもの

― 内容・方法 ―

①教師がドットカードと数字カードを提示する（作成したカード）。

②児童は大きい方（小さい方）の数を言う。

> カードを作成する場合には、ドットの並びをランダムにすると、さらに難しくなります（ただしあまり難し過ぎないように……あくまでも全員参加が目的です。）。

## 13 ゾウの絵とアリの絵

【使用する教材・教具】
Ａ４サイズで作成し板目表紙に貼ったカード

― 内容・方法 ―

①教師がカード提示する。

> ゾウとアリ、ニワトリとヒヨコ、クジラと金魚等、大きさにとらわれずに数を比較することを学びます。

②児童は大きい方（小さい方）の数を言う。

> 答える際には、数を言うことを伝えておきます。「アリ！」「ゾウ！」と思わず叫ぶ児童もいます。

## 14 10だんごの歌　A

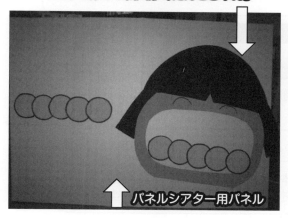

不織布で作った絵人形「だんごちゃん」
パネルシアター用パネル

【使用する教材・教具】
パネルシアター用パネル，不織布（女の子とだんご），ポスターカラーまたは，ポスカ等水性マーカー

― 内容・方法 ―

① 始めはパネルの左側に5×2列で10個のだんごを並べておきます。
（パン　パン　パパパン）手拍子を始まりの合図にする。

> 始めは「5のだんご」から始めるといいです。

②児童：「10だんご　10だんご　9と1で10だんご」と歌う。
教師：歌に合わせてだんごを1個，パネルの女の子の口の中に入れる。
児童：（パン　パン　パパパン）手拍子の後，「10だんご　10だんご8と2で10だんご」と歌う。
教師：再びだんごを1個，パネルの女の子の口の中に入れる。＊この繰り返し
児童：「0と10でお・し・ま・い」　手拍子で終わる。

> リズムが生まれます。

## 15 10だんごの歌　B

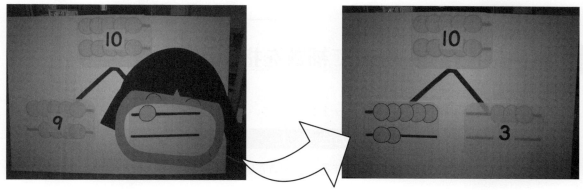

【使用する教材・教具】
パネルシアター用パネル，不織布（1から10までの串に刺さっただんごを作る。裏には数字を貼る。）ポスターカラーまたは，ポスカ等水性マーカー

― 内容・方法 ―

① **14** と同じリズムで歌を歌う。

> パネルを替えるのが忙しくなります。
> 「7と3で10だんご，3と7で10だんご」等，逆にして繰り返すと余裕ができます。

②教師が提示したカードを見ながら歌う。
　例えば「9」だったら，「9と1で10だんご」と歌う

> さくらんぼの形にすることで，数の分解がイメージしやすくなります。

CD-ROM 23

### 16 10だんごの歌　C

**【使用する教材・教具】**
ドットカード，数字カード

> カードに変えることでテンポアップできます。

― 内容・方法 ―

① 14 15 と同じリズムで歌を歌うが，手拍子は始めと終わりだけにする。

> 列ごとや男女別に立って歌うという条件を付けると参加度も緊張感もアップします。

②教師が提示したカードを見ながら歌う。例えば「9」だったら，「9と1で10だんご」と歌う。

> 体操で覚えた指を付けて歌うとさらに運動感覚も刺激されます。

### 17 ドットカードを見て10の補数を言う

**【使用する教材・教具】**
ドットカード（教師用算数セットに入っているもの）

― 内容・方法 ―

①教師がドットカードを提示する。「空いている数を言いましょう。」

②児童は空いている数を言う。

> ドットカードの空いている所＝10の補数になります。映像として覚えることをねらいとしています。

### 18 ドットカードを見て補数を指で示す

**【使用する教材・教具】**
ドットカード（教師用算数セットに入っているもの）

― 内容・方法 ―

①教師がドットカードを提示する。「空いている数を指で答えましょう。」

②児童は空いている数を指で示す。

### 19 数字カードを見て10の補数を言う

**【使用する教材・教具】**
数字カード（教師用算数セットに入っているもの）

― 内容・方法 ―

①教師が数字カードを提示する。

②児童は10の補数を言う。

> 一気に難易度がアップします。ドットカードや「10だんごの歌」とリンクさせて覚えられるようにしましょう。

## 20 数字カードを見て10の補数を指で示す

【使用する教材・教具】
数字カード（教師用算数セットに入っているもの）

― 内容・方法 ―

①教師が数字カードを提示する。

②児童は10の補数を指で示す。

③数字と指の動きをマッチングさせることで数字と量の一致を図る。

## 21 あわせて10

【使用する教材・教具】
手のひらサイズの数字カード1〜10（ラミネートしておくと保存できます。また，クラスの人数に合わせて同じ数字を複数枚作ります。）

― 内容・方法 ―

①1人1枚ずつ，数字カードを配る。全員に配り終わったら，「ようい，ドン！」と言う。

この時，「目をつぶってね！」と言うとドキドキ感がアップします。

②児童は自分のカードを見て，合わせて10になるカードを持っている相手を探す。

③相手が見つかったら，手をつないでその場に座る。

④2人で立ち「1と9で10です！」等と順番に言う。聞いている人は「OKです！」等と言う。

かなり盛り上がるので，その後は「静」を意識して授業を進めましょう。

## 22 計算ずもう

【使用する教材・教具】
計算カード（教師用算数セットに入っているもの）

― 内容・方法 ―

①教師が「はっけよーい，のこった！」のかけ声と共に計算カードを提示する。

②児童は隣同士でどちらが早く答えを言えるか競う。

3人組，列ごととアレンジしてもおもしろいです

③教師は迷わず判断し，勝った児童の名前を言う。

勝ち負けよりも，思わず同時に答えてしまうことがおもしろかったようです。

## 23 計算リレー

**【使用する教材・教具】**
計算カード（教師用算数セットに入っているもの）

> 答える2人だけ起立し，待っている人は座るようにします。

―― 内容・方法 ――

①教師が黒板に4枚の計算カードを貼る。

> できるだけ簡単な問題を選びましょう。全員参加が目的です。

②児童は2列に並ぶ（均等に分かれればいいです。）。
③教師は「はっけよーい，のこった」のかけ声と共に，4枚のカードのうちの1枚を指し棒で指す。
④始めの2人で，どちらが早く答えを言えるか競う。教師は迷わず判断する。
⑤勝った方はそのまま次の相手と対戦する。負けた方は，自分のチームの列の一番後ろに並ぶ。
　早く一周したチームが負け。

## 2．複線化を図った問題提示

## 24 飛んでいった風船

**【使用する教材・教具】**
パネルシアター用パネル，不織布（❶，❷，❸の3枚のパネルに絵を描く）
ポスターカラーまたは，ポスカ等水性マーカー

―― 内容・方法 ――

① ❶のパネルを貼る。「風船が何個ありますか？」

> ひきざん（2）の第2時で扱いました。10の枠をあえて外しました。

② ❷のパネルを貼る。「何個，飛んで行きましたか？」

> 紙芝居風に時系列で提示することにより，問題把握しやすいようにしました。

③ ❸のパネルを貼る。「残りは何個ですか？」

> 残った風船を少しだけ見せることにより，「答えは1個？」「違うよ！」等の声を引き出すことができます。

## 25 チョコレートのお菓子

【使用する教材・教具】
5×2に区切ってあるお菓子などの箱
発泡スチロールの球，包装紙，マジックテープ
（100円ショップで購入した物）

発泡スチロールの球を包装紙で包みました。後ろにマジックテープを付け，取り外しできるようにしました。

①お菓子の模型を提示する。児童「何？だんご？」「たこやき？」「チョコレートだよ！」
②「3個食べます。みんなだったら，どの3個を食べますか？」と問う。
③前に出て実際に操作してもらう。

「ぼくは，箱の中の3個を食べるなあ。」「私は外にある1個を食べて，残りは箱の中の2個を食べるなあ。」等，自分と結び付けて考えられるような発問を意識しました。

## 26 5×2列に並んだシール

【使用する教材・教具】
5×2列に並んだシール（100円ショップで購入したもの）

「10と3で13だから」「5と5で10で・・・」等，10といくつに目を向けられるようにする。

― 内容・方法 ―

①シールを提示する。
②「何枚ありますか？」「何ですぐ分かったの？」「数えたの？」等と問う。
③「友達に9枚あげます。みんなだったら，どうやってあげますか？」と問う。

この問いにより，数え引き，減加法，減減法の考えが自然に出てきます。

## 27 金魚すくい

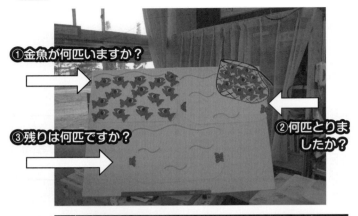

①金魚が何匹いますか？
②何匹とりましたか？
③残りは何匹ですか？

【使用する教材・教具】
パネルシアター用パネル，不織布（❶，❷，❸の3枚のパネルに絵を描く）ポスターカラーまたは，ポスカ等水性マーカー

― 内容・方法 ―

① ❶のパネルを貼る。
② ❷のパネルを貼る。

「わあ，数えにくい！並んでたらいいのに・・・」
10のまとまりを意識した声を引き出せます。

③ ❸のパネルを貼る。先生「何て聞くと思う？」，児童「残りは何匹ですか？」

前時と同じ流れなので，③のように揺さぶりをかけてもいいでしょう。

## 3．キーワードの設定

## 28 さくらんぼ計算図（たしざん）

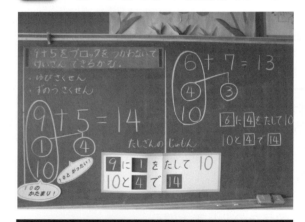

【使用する教材・教具】
吹き出しカード，呪文カード

10をつくることが大切です。被加数のすぐ下に補数を書き，丸で囲んで10のかたまりを意識できるようにしました。

― 内容・方法 ―

① ブロックを使わないで計算するための一方法として学習する。
② 「10のかたまりをつくること」「数を分けること」「10と合体すること」を児童の心に落ちやすい言葉（キーワード）を使って指導する。
③ 「たしざんの呪文」として，言葉とつなぐことで聴覚ルートからも情報を入れる。

## 29 さくらんぼ計算図（ひきざん）

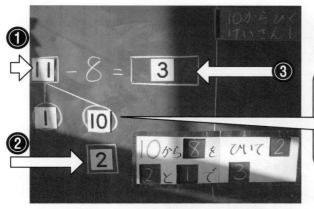

【使用する教材・教具】
数字カード，ひきざんの呪文カード

10から引くことを意識させるため，減数のすぐ下に10を書きました。児童は合体する，2と1を長丸で囲み，「ソーセージ」と名付けていました。

コツ1：大きく板書すること
コツ2：ゲーム化すること
コツ3：全員で声を出すこと

― 内容・方法 ―

① 黒板の半分くらいを使って大きく写真のように板書する。
② ❶❷❸の部分は空けておく。
③ 教師が被減数のカードを入れ，3人1組で空いている部分に当てはまるカードを入れる。
④ 全員で計算の呪文を唱える。

## 30 減加法で一気に引くことを意識できる言葉

操作を通して，10から一気に引くことを表現すると・・・
11種類もの言葉が出てきました。

【使用する教材・教具】
図ブロック，ホワイトボード，カラー工作用紙

ホワイトボードに貼り付けておくと，いつでも使えます。

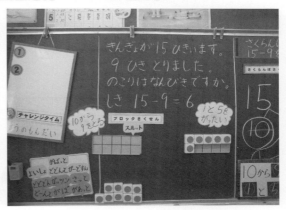

― 学習のポイント ―

① 10から取る操作をダイナミックに行う。

前に出て操作する場合には，ダイナミックに行えそうな子どもを選ぶとよいです。言葉と操作が合致することで，キーワードが定着します。

② できるだけ児童の声を拾う。

③ ワークシートに書くことにより，さらに言葉の広がりが見られる。

ペアで相談したり，お互いに見合ったりすることで，言葉はどんどん広がります。

## 4．動く・選ぶ場面設定

### 31 指さす

【使用する教材・教具】
なし

「6ってどこにある？指さしてみて！」

「今，○○さんが言ったことはどこに書いてある？指さしてごらん？」

ほら、あそこにあるよ！

— 学習のポイント —

授業の中で，「指さす」ことを取りいれる三つの意義
①引き込む　②追い込む　③確認する

指さすことで，児童を授業に引き込み，追い込むことができます。教師は状況を確認します。

### 32 前に集まる

【使用する教材・教具】
なし

5分以内におさめることが理想です。それ以上長くなると，逆に注意散漫になる児童もいます。

— 学習のポイント —

①授業の中で，「前に集まる」ことを取りいれる三つの意義は31と同じである。
②前に集まることで，より集中して話し合いに参加できる。

## 33 「がったい！」「れんけつ！」

【使用する教材・教具】
数図ブロック，吹き出しシート，ワークシート

― 学習のポイント ―

①ブロックを一気に動かすことにより，「がったい！」「れんけつ！」の言葉と合致させる。
②ワークシートに書く時にも，積極的に使うことを促す。
③キーワードを使って説明する児童を大いにほめることで，他の児童にも使うことを促す。

## 34 ブロック操作

【使用する教材・教具】
数図ブロック，操作盤

隣同士で話をすることで，言葉の数が増えます。

― 学習のポイント ―

①単元の導入では，計算の意味理解を図る上で，また計算の仕方を理解する上で，積極的に使う。
②操作する際，言葉の助けを借りると操作の意味が分かってくる。
　（例）操作盤をバスに，ブロックをお客さんに見立てて「あと2人乗れます」「でも3人来ちゃいました」「1人は乗れません」等と話しながら操作することにより，意味理解が深められる。

## 35 計算方法を選ぶ

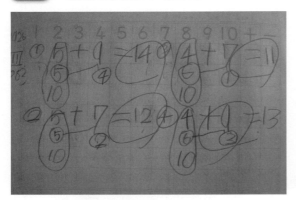

【さくらんぼ計算を使った方法】

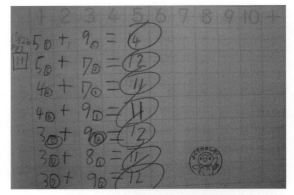

【ミニさくらんぼ計算を使った方法】

【使用する教材・教具】
計算方法を示した拡大カード

― 学習のポイント ―

①単元の後半で練習問題が増えてきた頃に
　ミニさくらんぼ計算の方法を紹介する。

> 10を利用した計算方法を定着させるためにさくらんぼ計算は有効な手立てですが，徐々に外していく必要もあります。そこで，ミニさくらんぼ計算を取り入れてみました。

> 苦手な児童はさくらんぼ計算に頼る傾向が強いですが，その結果，数の合成・分解や10の補数の学習の定着も図ることができます。一石二鳥です！

②どちらでも好きな方法を選んでよいことにする。
③何も書かずに暗算でできる児童もいるが，授業中はどちらか必ず書くようにする。

## 36 友達と見せ合う

「どうやってやったの？」
「見せて見せて！」

【使用する教材・教具】
なし

> 分からない児童が，「わからないから教えて！」と言える学級づくりが土台にあることが大前提です。

> 児童同士がかかわり合う場面を作ることができます。ヒントは友達からもらった方がよいですね。

― 学習のポイント ―

①毎時間取り入れるというわけではなく，その時間の児童の様子や活動のねらいを考慮して
　取り入れるとよい。
②児童が落ち着かない時，あえて自由に動ける時間をつくると，その後は集中できることも
　ある。

## 37 ワークシートに書く

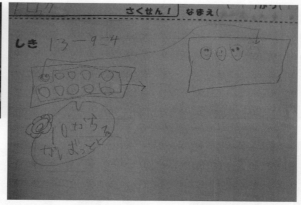

【使用する教材・教具】
ワークシート

はじめは，教師が書いたものを見本として掲示しました。苦手な児童はそれを見ながら，得意な児童はそれをヒントに自分で書いていました。

― 学習のポイント ―

①キーワードは必ず書くよう助言する。
②矢印や吹き出しを使い，書くことが楽しい！と思えるようにする。

---

## 5．授業のユニット化

## 38 流れボードで示す

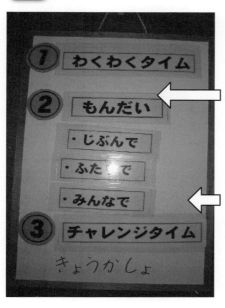

「わくわくタイム」
・数の学習のおさらいをする。

「もんだい」
・本時の主たる学習をする時間。

「チャレンジタイム」
・問題に挑戦する時間
＊この部分は，毎時間書き込みます。

【使用する教材・教具】
ホワイトボード，ユニットを示すカード，（ラミネートします），ホワイトボード用マーカー

― 学習のポイント ―

①授業の始めに，今日の授業の流れを確認する。
②終わったユニットのカードは，はがしていく。そうすることで，終わりをイメージできる。

## 39 活動（パーツ）を組み合わせる

動く / 見る / 話し合う
書く / 考える / 発表する

【使用する教材・教具】なし

― 学習のポイント ―

① 一つのユニットは 10 ～ 15 分を目安とする。ユニットはできるだけ一定にする。
② 一つのユニットは，多様なルート（視覚，聴覚，運動感覚）を使った活動（パーツ）を組み合わせて構成する。

## 実践　アイデア集を活用した小学1年生 "繰り下がりのあるひき算"

### 1．単元について
**(1) 学習指導要領との関連**

　小学校学習指導要領解説には，「「数と計算」領域では，…<u>数についての感覚を豊かにすること</u>，言葉や数による表現力を育てることを重視する。また，<u>計算の意味を理解すること</u>，<u>計算の仕方を考えること</u>，計算に<u>習熟し活用すること</u>の三者をしっかり指導することを一層重視する。」（下線筆者）とある。特に1年生では，具体物を用いた活動などを通して理解することが大切であるとされている。単に計算の手続きを記憶し答えを求めるのではなく，活動を通して実感的に理解することが強調されている。そのために，「<u>具体的な場面に基づいて</u>計算の意味を理解し，児童が<u>自らこれまでに学習してきた計算の仕方</u>などを活用して新しい計算の仕方を考え，表現することをねらいとする。」（下線筆者）ことが明記されている。繰り下がりのあるひき算においては，10を利用した計算方法を習得することをねらいとするが，はじめからそれのみを認めるのではなく，さまざまな方法の中から減加法のよさを見つける過程を大切にしていきたい。そこで表現された児童の言葉や動きを丁寧に扱うことで，児童らは表現する喜びや楽しさを実感できると考える。その上で，どのような場面を設定すれば計算の意味を理解しやすくなるのか，どのような支援があればすべての児童ができる，分かる喜びを実感できるのかについて検討した。

**(2) 単元の目標**

- 繰り下がりのある計算に興味をもち，「10といくつ」という数のしくみの分かりやすさに気づき，進んで計算しようとする。　──　関心・意欲・態度
- 減加法の考え方ができる　──　数学的な考え方
- （十何）－（1位数）の繰り下がりのある計算ができる。また適用題を解くことができる。　──　技能
- 繰り下がりのある計算の仕方について理解する。　──　知識・理解

### 2．学級の児童の様子
**(1) 学級全体：調査方法と調査項目**

| 調査方法 | | 調査項目 |
|---|---|---|
| プリント（学級で実施する日常のテスト回答方式） | 順序数 集合数 | ① 10までの数系列（昇順，降順） ①数の大小比較　②5の分解　③10の分解 |
| | 加法・減法 | ①和が10以下の計算　　②被減数が10以下の計算 ③たし算，ひき算の文章題 |
| 対面調査 （調査者と1対1の対面式） | 集合数 | ①ドットを見て数詞を言う　②数字を見て数詞を言う ③数詞を聞いてドットが分かる　④数字を見てドットが分かる ⑤数詞を聞いて数字が分かる　⑥ドットを見て数字を書く |
| | 計算過程 | ①念頭操作できる ②指やブロックを使う（1本（個）ずつ使う，まとめて使う） ③指やブロックの使い方が分からない |
| | 5や10の分解 | ①念頭操作できる ②指やブロックを使う（1本（個）ずつ使う，まとめて使う） ③指やブロックの使い方が分からない |

（2）結果と考察

　計算問題と比較して，5や10の合成・分解でのつまずきが多く見られる（表1）。「＋」「－」「＝」などの記号を使った計算学習には多くの児童が興味を持って取り組む。パターンを覚えると楽しくなり，繰り返し計算することを通して，次第に簡単な数の計算ならば覚えてしまう児童もいる。しかし，計算の意味を理解していない児童も含まれていることは課題である。

　一方，数の合成・分解は計算の前段階としての学習である。まずは「5は1と□」という文を読んでその意味を理解しなければならない。操作の前に文を読んで理解するという壁がある。そこから，指を折ったりブロックを操作したりして，答えを求める。新しい記号が出てくるわけでもなく，児童にとっては新鮮味のない学習である。しかし，繰り上がり・繰り下がりのある計算につながる大事な単元でもあるので，児童が興味をもって繰り返し楽しく取り組める学習活動の開発が必要であると考える。

【表1　プリントによる問題の正答率】

9/11に対象児童36名に対して実施

|  | 5の合成・分解 | 10の合成・分解 | 繰り上がりのないたし算 | 繰り下がりのないひき算 |
|---|---|---|---|---|
| 9月正答率 | 61.1% | 72.1% | 94.4% | 86.0% |

　10の分解と繰り上がり・繰り下がりのない計算のどちらも全問正答の児童は全体の61%だった（表2）。次に多いのは，計算は全問正答だが10の分解は全問誤答の児童で13%だった。10の分解が全問誤答だった児童は全体の25%を占める。ここに属する児童は，今後10の補数を利用した繰り上がり・繰り下がりのある計算においてつまずくことが予想される。よって，10の分解の克服が繰り上がり・繰り下がりのある計算でのつまずきを軽減することにつながると考える。また，逆に10の補数を利用した繰り上がり・繰り下がりのある計算の学習が10の分解のつまずきを克服することにつながるとも考えられる。

【表2　10の分解と繰り上がり・繰り下がりのない計算との相関（プリント問題より）】

上段：正答数　下段：全体の中の割合

|  |  | 繰り上がり・繰り下がりのない計算 | | | | | 総計 |
|---|---|---|---|---|---|---|---|
|  |  | 4問 | 3問 | 2問 | 1問 | なし |  |
| 10の分解 | 2問 | 22人 61% | 1人 3% |  |  |  | 23人 63.8% |
|  | 1問 | 3人 8% |  | 1人 3% |  |  | 4人 11.1% |
|  | なし | **5人 13%** | 2人 6% | 1人 3% |  | 1人 3% | **9人 25%** |
| 総合 |  | 30人 83.3% | 3人 8.3% | 2人 5.5% |  | 1人 2.7% |  |

　児童が計算をどのように行っているのか個別に対面調査をしてみたところ，「5になるたし算」「5から引くひき算」では，暗算で答えを求める児童が全体の半数以上を占め最も多かっ

たが，「10になるたし算」ではほぼ半数にとどまり，「10から引くひき算」では，指を使って答えを求める児童の方が多くなった（表3）。10になると念頭で数のイメージ化を図ることが難しくなり指を視覚的支援として使う様子が多く見られた。一方，どのように指やブロックを動かしたらよいか分からない児童がいることも大きな課題である。数のイメージ化を図り，計算の意味を実感できる算数的活動に取り組んでいく必要がある。

【表3　計算過程の分析（対面調査より）】

|  | 暗算 | 指やブロックをまとめて出す | 指やブロックを一つずつ出す | やり方がわからない |
|---|---|---|---|---|
| 5になるたし算 | 26人<br>72.2% | 4人<br>11.1% | 4人<br>11.1% | 2人<br>5.5% |
| 10になるたし算 | 19人<br>52.7% | 5人<br>13.8% | 7人<br>19.4% | 5人<br>13.8% |
| 5から引くひき算 | 22人<br>61.1% | 4人<br>11.1% | 5人<br>13.8% | 5人<br>13.8% |
| 10から引くひき算 | 15人<br>41.6% | **8人<br>22.2%** | **8人<br>22.2%** | 5人<br>5.5% |

　計算も10の分解も全問正答の児童が，どのように計算を行っているのか調査してみた（表4）。暗算で答えを求められる児童の割合は，5になるたし算では91%だった。10になるたし算では68%に下がり，指やブロックを使う児童の割合が24%に増えた（太枠囲み）。5から引くひき算では77%の児童が暗算で答えを求めることができたが，指やブロックを使う児童の割合は24%で変わらなかった。10から引くひき算では，指やブロックを使う児童が一気に増え41%であった。計算も10の分解もプリントでは全問正答だった児童の中にも，実は指やブロックを使って計算している児童がいる。すなわち，計算はできても数の基礎概念が十分に育っていない児童が存在するが，その多くは気付かれないまま授業が進められていることが対面調査を通して示唆された。

　このことから，数え引き，数え足しのためではなく，あくまでも10の補数を利用した計算方法の獲得のためには，指やブロックの使用を否定するのではなく，むしろ，指やブロックを―過渡的には―積極的に使う有用性が示唆された。数の基礎概念を育てる上でも，繰り上がり・繰り下がりのある計算の仕方を理解する上でも，効果的な方法となると考えられる。そのため，指やブロックの使い方の工夫・検討が求められる。

【表4　計算も10の分解も全問正答の児童の計算過程の分析】

|  | A | B | C | D |
|---|---|---|---|---|
| 5になるたし算 | 20人<br>91% | 1人<br>5% | 1人<br>11.1% |  |
| 10になるたし算 | 15人<br>68% | 2人<br>10% | 3人<br>14% | 2人<br>10% |
| 5から引くひき算 | 17人<br>77% | 3人<br>14% | 2人<br>10% |  |
| 10から引くひき算 | 13人<br>59% | **5人<br>23%** | **4人<br>18%** |  |

A：暗算でできる　　B：指やブロックをまとめて出して計算する
C：指やブロックを1つずつ出して計算する　　D：指やブロックの使い方が分からない

（3）対象児童の様子

Eさん：一桁同士の計算は指を使ってできるが，数の合成・分解でつまずきが見られる。ノートに書くことに困難さが見られる。学習内容を想起するまでに時間がかかり，分からなくなると慌てて適当な答えを言ってしまう。

Fさん：数の大小，数系列，合成・分解，一桁同士の計算はすべてできる。板書の写しが遅い，注意・集中が切れやすい。話す・聞くことは得意ではないが動作的支援によって注意・集中を促し，理解を深めることができる。

## 3．指導の工夫

（1）指導観

本単元は，（十何）－（1位数）で，繰り下がりのある場合の計算の仕方を理解し，計算ができることをねらいとしている。実際の指導については，次のような構成をとる。

①文章題から導入し，ひき算の意味を確かめながら，数図ブロックなどの具体的な操作を通して計算の仕方を理解できるようにする。

②さくらんぼ計算図を通して徐々に念頭操作に移していきながら，計算の仕方の定着を図る。

③10から引いて残りを足せばよいという減加法のよさを実感させながら定着と習熟を図る。

④いろいろな型の計算練習ができるようにする。数あてゲームでは，□を使った式の素地指導も行う。

⑤生活場面での適用題を解くことによって，ひき算と実生活の関連をとらえ，ひき算について一層の理解を深めることができるようにする。学習を進めるに当たり，次の5つの支視点を設定した。

```
①数の基礎概念を育てるための導入の活動
②複線化（視覚化・聴覚化・動作化）を図った問題提示
③キーワードの設定
④動く・選ぶ場面の設定
⑤授業のユニット化
```

上記の支援は，特別な支援が必要な児童にとってなくてはならない支援であるが，他のどの児童にとってもあると便利で役に立つ支援であると考える。

（2）5つの視点について

①数の基礎概念を育てるための導入の工夫

「数と計算の指導段階表」（藤原鴻一郎『段階式発達に遅れがある子どもの算数・数学 ①数と　計算編』学研）をもとに数の基礎概念を4段階に分けた。どの児童も楽しみながら繰り返し取り組むことがねらいである。児童を一気に授業モードに引き込むには，視覚，聴覚，運動感覚をフルに使った活動が必須である。

## 【数の基礎概念を育てるための導入の活動一覧表】

| 指導内容 | 活動例 |
|---|---|
| Ⅰ　量・数詞・数字の三項関係の確立 | ①ドットカードを見て数詞を言う。　②ドットカードを見て指で示す。<br>③ドットカードを見て数字を書く。　④数字カードを見て数詞を言う。<br>⑤数字カードを見て指で示す。　⑥数詞を聞いて指で示す。<br>⑦数詞を聞いて数字を書く。　⑧指の体操 |
| Ⅱ　数の大小比較 | ①数字と数字　②大きく書いた数字と小さく書いた数字<br>③大きなトランプと小さなトランプの数字<br>④ドットとドット　⑤ドットと数字<br>⑥象の絵とありの絵（にわとりとひよこ，クジラと魚など） |
| Ⅲ　数系列理解 | ①数字並べ・数字カードを1人に1枚ずつ配り，「ようい，ドン」で順にすばやく並ぶ（逆順，左から・右からなど変える。）。<br>②1大きい数あて，1小さい数あて<br>③よびだし遊び<br>・音によって数を表し，聴覚を通して数え，数字と結びつけて行動に再現する。<br>・「前（後ろ）・右（左）から～番目（番）」という言葉を聞いて行動に結びつけて再現する。 |
| Ⅳ　5の合成・分解<br>　　10の合成・分解 | ①パネルシアターを使って『5（10）のだんご』の歌を歌う。<br>②5（10）合わせババ抜き<br>③ドットカードを見て補数を言う。<br>④ドットカードを見て補数を指で示す。<br>⑤数字カードを見て補数を言う。<br>⑥数字カードを見て補数を指で示す。<br>⑦「あわせて10」・1から9までのカードを1人に1枚ずつ配る。「合わせて10」になるカードを持っている友達を探しペアを作る。 |
| Ⅴ　計算 | ①「計算ずもう」・隣同士でどちらが早く答えられるか。<br>②「計算リレー」・2チームに分かれる。やり方は計算ずもうと同じ。 |

②複線化を図った問題提示

　複線化を「視覚化・聴覚化・動作化」と捉えた。導入でつかんだ児童らの興味関心をそのまま本時の課題へ引き込むことを目的とする。パネルシアターや実物を使った問題提示，教科書の挿絵の拡大コピー，さくらんぼ計算図の提示を試みた。

③ キーワードの設定

　数と計算領域において，「直観で数が分からない」「10の補数が分からない」「数の合成・分解ができない」「計算の手続きが覚えられない」等は，多く見られるつまずきである。そこで，できるだけ児童の心に落ちやすい言葉をキーワードとして設定するようにした。キーワードをきっかけに数や記号の意味を想起しやすくしたり，計算の手続きを説明しやすくしたりすることが目的である。

④ 動く・選ぶ場面の設定

　動く場面を設定すると，授業が活性化する。選ぶ場面を設定すると，学習意欲が向上する。注意・集中の持続が困難な児童にとっては，なくてはならない支援であるが，他のどの児童にとっても，あると嬉しい支援となる。

⑤ 授業のユニット化

　45分間は児童にとっては長い時間である。同じ活動を続けていると，集中力は低下する。そこで，授業の構成を工夫する必要がある。一コマ10分〜15分の活動を三つ組み合わせるイメージで，授業をユニット化することを試みた。

（3）ユニバーサルデザイン・アイデア集（P.45〜P.62）の活用

　実際に授業の中で5つの視点をどう取り入れたらよいのか，具体的な手立てを模索した。アイデア集は一つ一つの手立てを視点ごとに整理しまとめたものである。それぞれの学級の児童に合わせて，アレンジしながら使っていけると考える。

## 4．指導計画（10時間）

| 時 | 目標 | 学習活動 | 指導の工夫<br>①基礎概念 ②複線化 ③キーワード ④動く・選ぶ ⑤ユニット化 |
|---|---|---|---|
| 1 | 数図ブロックを操作し，計算方法を見つけることができる。 | ・「シールを13枚もっています。ともだちに9枚あげました。残りは何枚になったでしょう。」の式を立てて答えを求める。・10からまとめて引くことのよさが分かり，「11－8」「15－9」の計算を数図ブロックを使って考える。 | ①アイデア集7「指体操」①アイデア集15「10だんごの歌B」<br>①アイデア集17「ドットカードを見て10の補数を言う」<br>②アイデア集26「5×2列に並んだシール」<br>③アイデア集33「がったい！」「れんけつ！」<br>③アイデア集30「減加法で一気に引くことを意識できる言葉」<br>④アイデア集32「前に集まる」<br>④アイデア集34「ブロック操作」<br>④アイデア集37「ワークシートに書く」 |

| | | | |
|---|---|---|---|
| 2 | 数図ブロックを用いて減加法をつくり上げることができる。 | ・「風船が12個あります。7個とんでいきました。残りは何個になったでしょう。」の式を立て，12－7の問題の答えを数図ブロックを用いて求める。12－7の計算の仕方を唱える。「12は10と2。10から7をひいて3。3と2で5。」 | ①アイデア集7「指体操」<br>①アイデア集15「１０だんごの歌B」<br>①アイデア集22「計算ずもう」<br>②アイデア集24「飛んでいった風船」<br>②アイデア集29「さくらんぼ計算図（ひきざん）」<br>④アイデア集32「前に集まる」<br>④アイデア集37「ワークシートにかく」 |
| 3 | 減数が6以上の計算を減加法で解くことができる。 | ・「金魚が14匹います。9匹とりました。残りは何匹になったでしょう。」の式を立てて答えを求める。数図ブロックから念頭操作へのバイパスとして，さくらんぼ計算図の書き方を教える。 | ①アイデア集16「10だんごの歌C」<br>①アイデア集21「あわせて10」<br>①アイデア集22「計算ずもう」<br>②アイデア集27「金魚すくい」<br>②アイデア集29「さくらんぼ計算図（ひきざん）」<br>④アイデア集32「前に集まる」<br>④アイデア集37「ワークシートに書く」 |
| 4 | 求差の場面の問題を解くことができる。 | ・「玉入れをしました。どちらの方が何個多いですか。赤7個　白13個」の式を立てて答えを求める。（求差）数図ブロックを操作したり，さくらんぼ計算図を書いたりして，減加法で計算をする。減数を一定にした問題の中で，きまりを見つける。 | ①アイデア集7「指体操」<br>①アイデア集16「10だんごの歌C」<br>①アイデア集19「数字カードを見て10の補数を言う」<br>①アイデア集22「10－□（計算ずもう）」<br>②アイデア集未掲載「入った玉の数の違い」<br>④アイデア集37「ワークシートに書く」<br>④アイデア集36「友達と見せ合う」<br>④アイデア集未掲載「問題解決の方法を選ぶ」 |

| | | | |
|---|---|---|---|
| 5 | 減数を一定にした計算を早く正確にできる。 | ・□－9，□－8，□－7，□－6の計算問題を減加法で解く。 | ①アイデア集7「指体操」<br>①アイデア集16「10だんごの歌C」<br>①アイデア集19「数字カードを見て10の補数を言う」<br>①アイデア集22「10－□（計算ずもう）」<br>④アイデア集未掲載「ノートかワークシートか選ぶ |
| 6 | 減数が5以下の計算ができる。 | ・「チョコレートが11個あります。3個食べました。残りは何個でしょう。」の式を立て，計算の仕方を数図ブロックを使ったり，絵や図に表したりして考える。 | ①アイデア集7「指体操」<br>①アイデア集16「10だんごの歌C」<br>①アイデア集22「10－□（計算ずもう）」<br>②アイデア集25「チョコレートのお菓子」<br>④アイデア集37「ワークシートに書く」<br>④アイデア集32「前に集まる」<br>④アイデア集未掲載「ノートかワークシートか選ぶ」 |
| 7<br>8 | ひき算のカードを使って，繰り下がりのあるひき算を練習し，習熟する。 | ・教科書の問題をノートにミニさくらんぼを書いて計算する。個に応じて，被減数のみ○を書いたり，ワークシートを使ったりして減加法で計算できるようにする。 | ①アイデア集16「10だんごの歌C」<br>①アイデア集23「計算リレー」<br>④アイデア集35「計算方法を選ぶ」<br>④アイデア集未掲載「ノートかワークシートか選ぶ」 |
| 9 | 繰り下がりのあるひき算の被減数を10と何に分け，10から減数をひく手順を確実に身につける。 | ・減加法の仕方を，言葉，図，式を用いて表し，繰り下がりのある計算は減加法でできることの理解を確かにする。 | ①アイデア集16「10だんごの歌C」<br>①アイデア集21「あわせて10」<br>①アイデア集23「計算リレー」<br>④アイデア集35「計算方法を選ぶ」<br>④アイデア集未掲載「ノートかワークシートか選ぶ」 |

| | | | |
|---|---|---|---|
| 10 | 減加法を用いて繰り下がりのあるひき算を行うことができる。 | ・評価テストを行い，学習の定着度を図る。 | ①アイデア集22「10－□（計算ずもう）」<br>①アイデア集23「計算リレー」 |

## 5．授業展開例（1／10）

(1) 目標

（十何）－（1桁）で繰り下がりのあるひき算について，数図ブロックを操作し，減加法を見つけることができる。

(2) 展開

| 時配 | 学習内容と活動 | 視覚的支援（視）　聴覚的支援（聴）動作的支援（動）個への手立て（個）＊評価 | 学習材（アイデア集番号） |
|---|---|---|---|
| 5 | 1　数の学習のおさらいをする。<br>○10の合成・分解<br>○指体操<br>○計算カード<br>2　学習の流れを確認する。 | 《わくわくタイム》<br>（視・動）『10だんご』の歌を指と合わせて歌う。一斉→男女→1人ずつ<br>（視）ホワイトボードに学習の流れを貼り，いつでも確認できるようにする。 | 数字カード<br>計算カード<br>（16.10だんごの歌C）<br>ホワイトボード（38.流れボードで示す）<br>シール13枚<br>（26.5×2列に並んだシール） |
| 10 | 3　実物を見たり問題を読んだりして題意を把握する。<br>　シールを13まいもっています。<br>　ともだちに9まいあげました。<br>　のこりはなんまいですか。<br>○見る視点を与える。<br>　・シールが何枚あるか。<br>　・どのように並んでいるか。<br>○減数を確認し自分だったらどのようにしてあげるか考える。<br>　・9枚まとめてハサミで切ってあげよう。<br>　・3枚と6枚に分けてあげよう。<br>　・1枚ずつはがしてあげよう。<br>4　立式し答えの見通しをもつ。<br>　「どんな式になりますか。」<br>　・13－9<br>　「どうしてひき算なのですか」<br>　・「のこりは」だから。<br>　・「あげる」は減ることだから。 | （視）児童に身近なシールを素材とすることで，問題と自分との関わりを持てるようにする。<br>（視）シールの並びは5×2列とし，ブロックの並びと同じにすることで操作につなげやすくする。<br>（個）自分だったらどうするかを考えることで，問題と自分との関わりを深められるようにする。<br>↑提示した5×2列のシール<br>（聴）ひき算の根拠になる言葉を児童から引き出すことで，ひき算の意味理解の復習をする。 | |

| | | | |
|---|---|---|---|
| | 5 めあてを確認する。<br>　13－9はどうやってけいさん<br>　したらいいかな。<br>「何を使ったらできますか。」<br>・ブロックさくせん<br>・さくらんぼさくせん | （聴）児童の立場に立ち短い言葉で示す。<br>（個）たし算（2）の学習を想起することで，学習のつながりに気付くことができるようにする。 | |
| 5 | 6 ブロック操作して13－9の計算方法を考える。<br>〈10からひく計算方法〉<br>○○○○○　●●●<br>○○○○○<br>・一気に取る・がばっと取る<br>〈3と6に分けて引く計算方法〉<br>○○○○○　●●●<br>○○○○○<br>・分けて取る。<br>〈数え引く計算方法〉<br>　　　　　　9　321<br>○○○○○　●●●<br>○○○○○<br>　87654 | （視・聴・動）繰り上がりのあるたし算の学習を想起し，お話をしながらブロック操作できるようにする。<br>（視・聴・動）数えて引く方法も発想としては認める。しかし10から引く方が簡単だ！ということを共有の場面で実感できるようにする。<br>（視・聴・動）ペアでやりとりし，どの方法が簡単か話し合う。<br>（動）ペアで話し合いができたら手を合わせて挙手する。 | ブロック操作盤(34.ブロック操作)<br>教師用ブロック・操作盤 |
| 5 | 7 操作の仕方を共有する。<br>　○それぞれの方法で行う。<br>　○どの方法が簡単，便利か話し合う。<br>　○教科書の方法を確かめる。 | （視・動・聴）一気にブロックが引けるのはどれか？という視点で比べさせることで10から引く計算方法のよさがわかるようにする。その際，「パッと取れる」「ガバッと取れる」など児童から出た言葉をキーワードにする。 | 教師用ブロックと操作盤(30.減加法で一気に引くことを意識できる言葉) |
| 10 | 8 「13－9」の計算の仕方を整理する。<br>　10からひいてのこりをがったいさせる。<br>○ワークシートに操作の仕方を書く。 | （聴）児童が実際に表現した言葉（キーワード）を基にして計算の仕方を整理する。<br>（動）書く意欲を持てるようにするために，共有の場面で出た言葉をヒントにして自分の言葉を見つけやすくし，ブロックが書いてある方とない方のワークシートを選べるようにする。 | ワークシート(37.ワークシートに書く)<br>教科書 |
| 10 | 9 教科書P.95 2 をする。<br>　○「11－8」は一斉に扱う。<br>　○「15－9」は隣同士でチェックをする。 | 《チャレンジタイム》<br>（視・聴・動）できた児童は黒板に書かれた問題，できない児童には個別指導する。<br>＊10から引く計算方法でブロック操作ができているか。 | |

## 6．児童の様子

| 指導の工夫<br>（アイデア集番号） | | E児 | F児 | 全体 |
|---|---|---|---|---|
| 指体操（アイデア集7）<br>10だんごのうたC（アイデア集16） | 様子 | 指体操は1回目は追いつかないが2回目は追いつきにっこりした。10以上は分からずキョロキョロする。10だんごのうたは立つ・座る・手拍子等の動きはできた。 | 指体操等，体を動かす活動は得意で，進んで取り組んでいた。10だんごの歌は，口を小さく動かす程度だが歌っていた。 | もう少しリズム良くテンポアップできるとよい。女子の力で引っ張られている感じがある。 |
| | 改善点 | 10だんごの歌を歌えるようにしたい。 | 飽きさせないよう変化をつける。 | 指と合わせて歌えるようにしたい。 |
| 10－□の計算 | 様子 | 自分では分からず，友達に指で教えてもらっていた。 | 暗算で素早く答えることができた。 | 遅い児童がE児を含め5人いた。指を使う児童もいた。 |
| | 改善点 | 待たずにE児ができる状況をつくる。 | 答え方のバリエーションを増やす。 | 瞬時に言えるようにしたい。 |
| 5×2列に並んだシールで問題把握（アイデア集26） | 様子 | シールを見ていた。話し合いには参加できず，引き出しの中を見ていた。隣と話すよう指示をすると隣の児童が関わろうとするが，反応はあまりなかった。 | シールを見て，隣の児童に何やら話しかけている様子が見られた。「3枚を先にあげて，残りの6枚をあげる」と言った（減減法の考え）。 | 「シールだ！13枚！数えなくても分かる！10と3！」と口々に言っていた。減加法の考え方が多く，減減法は4人，数え引きは2人だった。 |
| | 改善点 | 話が長くなると離れてしまう。活発に意見が出るクラスなので発問を焦点化することで，A児をつなぎ止めることができる。 | 問題に対する興味をいかにもたせるかが鍵を握る。自分と結び付けられるような提示，発問をする。 | 話し合いが長すぎた。一部離れた児童がいた。もっと早くブロック操作に進めるとよかった。発問を焦点化する。 |

| 減加法で一気に引くことを意識できる言葉（アイデア集30） | 様子 | みんなの前で1と3を合体する操作をした。ワークシートには「どどん」「どどどん」「10」「がったい」とキーワードを書いた。 | ブロック操作では、隣の児童と和やかに話しながら操作をしていた。ワークシートに吹き出しを使ってキーワードを書いた。 | 10からとる時の言葉が11種類も出た。指名された児童の操作の仕方が上手だった。それに合わせて自然に言葉が出た。 |
|---|---|---|---|---|
| | 改善点 | 問題と関わる場面を意図的に作る。前に集まる際、教師のそばに座らせる。 | ペア活動を適切に取り入れることで、言葉を引き出すことができる。 | イメージ語として今後も使っていきたい。次時はひき算の呪文につなげたい。 |
| 授業全体を通して | 様子 | 今日は最後までワークシートに書けた。「頑張った？」と聞くので「頑張ったよ」と答えると喜んでいた。もっとA児と関わる必要がある。 | 隣の児童に話しかけたり、シールを指さしたりする等、問題と積極的に関わろうとする様子が見られた。 | 話し合いが長引いてしまった。もっとすっきりと本題に突き進めると練習問題の時間が確保できた。10からとるキーワードの多さには驚いた！ |
| | 改善点 | 前に集める時は教師のそばに置き、関われるようにする。 | つぶやきを拾うことで自信が持てるようにする。 | 児童から出たキーワードを算数の言葉に育てていきたい。 |

# 第3章

# 学校研究としての授業ユニバーサルデザイン

近年、ユニバーサルデザインを学校研究のテーマ、あるいは、教育センターの研究課題や教育委員会の施策として取り上げるケースが増えてきた。そこで、本章では、通常学級ユニバーサルデザインを実践研究的に取り上げる際の留意事項に触れたい。

## 1．実践研究を進める枠組み

### （1）事例対象の子どもを通して

　通常学級ユニバーサルデザインは、配慮を要する子どもの「ないと困る支援」の把握が始点となる。そのため、学校研究として展開する際には、やはり、配慮を要する子どもの姿の変化を追い、検証したい。

　一方で、どの子どもにも「あると便利で・役に立つ支援」を増やすことが通常学級ユニバーサルデザインの要件でもある。そのため、適応状態がよく、成績のよい子どもの変化も合わせて追いたい。

　この2人の姿がよりよいものになってはじめて、通常学級ユニバーサルデザインの有用性が示されると考えたい。

### （2）誰でも実践可能なシンプルな研究の視点

　授業はある教科・領域の教育活動として展開される。そのため、その追究は必須の要件となる。それを前提とした様々な工夫を研究の視点としたい。

　本書で提起している3つの『ハンドブック』（CD－ROMにも収録）にある視点はそのまま学校研究での活用が可能である。ぜひ、ご活用頂きたい。全てではなくできる限りシンプルに、誰でもが実践可能な視点をいくつか絞り込んで実践研究に取り組みたい。

### （3）学習支援（指導）案の書式について

　学習支援案は実践研究を具現化した一つの鏡でもある。そのため、学校での共通理解は重要である。しかし、基本的な枠組みは、当該校でそれまで使用されている書式で構わないと筆者は考えている。

　あえて、加えれば、次の二点である。

○学習支援案の前半に、配慮を要する子どもに「ないと困る支援」を簡単に整理する。
○「支援（指導）上の留意点」に「ないと困る支援」で「あると便利で・役に立つ支援」、すなわちユニバーサルな手立てには＊の印をつける等により明確にする。

　もちろん、配慮を要する子どもに個別的に手立てを講じる場合にもそれを明確にする。

## 2．研究協議の進め方

### （1）教科・領域担当者と特別支援教育担当の講師を招へいして

　教科・領域の追究があってこその、通常学級ユニバーサルデザインである。つまり、教科・領域担当者と特別支援教育担当の2名講師体制で実施したい。教科・領域の追究を弱めては、通常教育本来の力は発揮されない。なぜならば、特別支援教育が叫ばれる前から、(診断名称はなかったものの)発達障害のある子どもたちは教室で過ごしていた。確かに、当時は、ユニバーサルデザインも特別支援教育も意識されていなかった。にもかかわらず、優れた実践は

数限りなく存在していた。通常学級ユニバーサルデザインや特別支援教育を意識するか否かに関わりなく、結果的にそれらを包括するような学級経営や授業づくりは実現していた。だからこそ、それらの本質を追究するその発展的な延長線上に「ないと困る支援」の観点も加味しながら検討を深めたい。

### （2）ワークショップ型

　研究協議会に参加する人数にもよるが、15名を越えるならば4,5名で一つのグループに分かれてのワークショップ型の協議会が望ましい。絞り込まれた研究の視点に即し、教師の支援と子どもの実際の様子を具体的に検討したい。各グループからの提起を共有化した後、講師からの助言を得たい。

### （3）指定討論型

　事例の子ども2名をそれぞれを中心に参観（最低2名）、学級全体の様子を中心に参観、純粋に教科・領域の視点で参観、あるいは、研究の視点に即して参観…等、協議会の口火を切る指定討論者をあらかじめ決めて、協議の活性化を図る。

　協議会が盛り上がるかどうかは学校研究が盛り上がるかどうかの決め手となる。研究協議の進め方自体、様々に工夫したい。

## 3．実践研究の評価の観点

### （1）事例対象の子どもの変化

　研究の視点からぶれることなく、学級経営・授業改善との関係で子どもの様子を確認したい。これは、研究授業において参観された姿のみならず、担任による日常的な行動観察全てで評価したい。合わせて、（2）で触れるようなアンケート、ワークテストも加味しながら確認する。

### （2）学級全体の変容

　①アンケートによる子どもの主観的な評価の把握

　アンケートの内容・性格、あるいは、その実施方法に応じて、次のように分類した。

| | 項　目 | 具　体　的　な　内　容 |
|---|---|---|
| 学級生活 | 生活環境 | 机・ロッカー・戸棚等の整理整頓、教室・黒板・カーテンの清潔度、教室正面の余分な掲示物、水槽の音…等。 |
| | 友達との関係 | ○よく話をする友達がいる、○悪口を言われる…、○学級への思い…等。 |
| | 教師との関係 | ○よく声をかけてくれる、○守ってくれる、○見てくれる…等。 |
| | 生活全般の満足度 | ○「頑張っていることベスト3」、○「ちょっと困ったアンケート」…等。 |
| 学習全般 | 学習内容 | ○教科の得意－不得意(さらに詳細化する場合は、国語の各分野－読む、書く（ひらがな、漢字）…等。○授業内容が理解できたか・できなかったか…等。 |
| | 授業評価 | 教師の声の大きさ・早さ、黒板の分かりやすさ、貼り物、プリント…等、教師の指導の方法に関する子どもからの授業評価。 |

　学級生活と学習全般に大きく二分している。学習全般はさらに学習内容の理解度、満足度と教師の授業方法に対する授業評価で構成している。

　一度に全ての項目を取り上げるということではなく、実践研究の視点に基づき、必要な項目でアンケートを実施したい。

子どもの本音の声を聞く姿勢、それに寄り添う姿勢、子ども自身がどう思っているのか－その主観的な感覚に寄り添うことは、正に、学校教育に強く求められる専門性と言える。

仮に、ワークテスト等の客観的指標で目立った成果がないとしても、「授業が楽しかった」「先生の話が分かりやすくなった」等の声が多くなれば、確実に、実践研究の成果は現れていると判断できる。

なお、アンケートの活用については、第2章＜実践『授業づくりハンドブック』を活用した国語科の実践とその評価＞（P.33～P.44）を参照して頂きたい。

②ワークテスト等を含む総合的な評価

日常的なミニテストも含めて、ワークテスト等による点数が仮に高まっていれば、これも大きな成果の一つとなろう。

○事例対象の子どもの変化－授業研究会当日を含めた事例対象の子どもの行動観察、その子どもの主観的な自己評価、ワークテスト等の客観的評価

○学級全体の子どもの主観的な自己評価、ワークテスト等の客観的評価

上記を総合的に判断して評価することになる。

### （3）学級担任（授業担当者）による評価

学校の研究テーマとして取り組むか否かに関わりなく、最終的には、日頃の学級経営・授業づくりの中で通常学級ユニバーサルデザインを展開することになる。その意味では、実際に取り組んだ担任としての手応えはどうだったのか、仮に、有用性が確かめられたとしてもその負担感はどうだったのか、その負担感を解消する手立てはあるのか－これらの率直な評価が必要になる。この点を曖昧にすると結局、テーマとして掲げている期間だけ取り組んで終わりになりかねない。

先行実践校の評価では、通常学級ユニバーサルデザインは、ある枠組みや型(例えば、板書やノート指導等)を用意することになるため－若手教師も含めて－日常的な取り組みやすさを高める点が指摘されている。

また、共通の視点で学級経営・授業づくりを展開することになるため、学級の壁がなくなり学年団会議などでの様々な議論がしやすいという成果も聞かれる。

## 4．授業ユニバーサルデザイン・その研究的展開

次に示す実践研究事例第4章は、通常学級ユニバーサルデザインの有用性を量的分析の視点も加味しながら展開した授業研究である。

まず、若手教師の授業をビデオ録画し、教師の支援と子どもの様子の関係性を詳細に分析した。それに基づき、授業改善の視点＝授業ユニバーサルデザインの視点を抽出し、『先生たちのSOSは子どもたちのSOS』(ＣＤ－ＲＯＭに収録)を作成した。

次に、そのハンドブックに基づいて展開された授業を同じくビデオ録画して、先と同様に教師の支援と子どもの様子の関係性を分析した。すなわち、授業ユニバーサルデザインの有用性を量的に検証した希有な実践研究事例である。

提案される『先生たちのSOSは子どもたちのSOS』は、ご覧の通り大変分かりやすく活用性が高い。教師一個人としても、学校研究としても活用して頂きたい。

# 第4章

先生たちのSOSは 子どもたちのSOS

## ユニバーサルデザインを生かした学級づくり・授業づくりの提案

### A4判1ページごとの学級づくりの提案

# 先生たちのSOSは子どもたちのSOS

あの子、どうして、あんなに勉強嫌いなのかなぁ…

クラスがなんだか、落ち着かなくて、どうしたらいいんだろう

あの子は、どうして友達と仲良くできないのかなぁ

教室を飛び出しちゃうこと多いな、何か嫌なことでもあるのかな

どうして、私の指示を聞いてくれないんだろう…

保護者の方と、一緒に応援していきたいけど、どうしたら伝わるのかな

## ユニバーサルデザインを生かした学級づくり・授業づくりの提案

八潮市立大瀬小学校
**柳橋知佳子**　　監修　植草学園短期大学　佐藤愼二教授

まずはここから！

主な参考文献　佐藤愼二(2008):「通常学級の特別支援―今日からできる！40の提案―」．日本文化科学社

主なイラスト　『かわいいフリー素材集　いらすとや』http://www.irasutoya.com/

CD-ROM 36

# 子ども相談室

学校生活の中でいろいろ悩んだり、困ったりしていること…。
何とかしてあげたいですね。
どんなことに困っているのかを知ることから始めてみませんか？

クラスの友達が、僕のこと「へんなやつ」って言ったり、仲間に入れてくれなかったりするんだ。ぼく、ダメなのかな。友達大好きなのに、どうして仲良くできないのかな。先生、助けてほしいよ…。

話が長くなると、何を言っているのか分からなくなっちゃうんだよ。でも、ぼくなりに、一生懸命聞こうとしているんだよ…。大切なことだけ言ってくれたり、書いてくれたりしたらいいのになぁ…。

静かなところだったら、集中できるんだけどなぁ。授業中なにやってるかも分からないし、できないことばかり。どうしたら先生にほめてもらえるのかなぁ。頑張っているのになぁ。私もほめてもらいたいなぁ。

国語の教科書を読むとき、みんなみたいに早く読めないんだ。いつもおいてかれちゃって、もうやりたくない！恥ずかしいんだもん。実は、字がつながって見えて、見づらいんだ…。どこで区切ればいいのか分かればな。定規をあてながらだと読みやすいんだ…。

授業中は、ちゃんと座っていなくてはいけないって分かってるの。でも、なんだかそわそわして…。友達のことも気になるし…。我慢しようとすると、どんどんイライラしてくるの。ちょっとでも、動いてもいい時間があればいいのになぁ。

宿題、毎日漢字3ページ…。あ〜。僕は毎日ちゃんとやっているのに、覚えられない。それに、テストもできないで、「集中してやって！」って言われる。でも、僕は一生懸命書いているんだよ。書く以外の覚え方ないかな。みんなと違う方法はだめなのかなぁ…

予定が突然変わると、不安になっちゃうんだよ。ドキドキもする。

間違えたら、やだなぁ。
また「どうして分からないの？さっき言ったじゃない」なんて叱られても…。

話し合ってください！って言われても、どうやっていいのか分からないんだ。みんなが話していることも、よく分からないし、自分も、何を言っていいのか分からない。話し合いの仕方とか、忘れないように書いておくものがあるといいなぁ

私たちは、困った子どもではなく、「困っている子ども」です。どうか助けて下さい！
授業の中で、ほんの少し工夫するだけで、こういったことが、少しずつ解消されてくるはずです！
そしてその根底は温かい学級です！

# 視覚化

**これだけでも変わります！**

聞いただけでは、記憶に残したり、理解したり、処理したりすることが、苦手な子どもがいます。視覚にも残るような支援を！

色チョークを使って、大切なところを分かりやすく！ノートに写すのが苦手な子どもには、「○○色のところだけで書こう！」とするだけで、やる気アップ！

## 授業の流れ

1. 10だんごのうた
2. きのうのもんだい
3. ブロックをつかってけいさんしよう
4. もんだい
5. ★ チャレンジタイム

### 11－5のけいさんのしかたをかんがえよう

いちごのケーキが11こあります。
5こたべました。のこりはなんこでしょう？

① ひきざんことばはなんですか？ 　　　
② しきをかきましょう 　　　
③ こたえはなんですか？ 　　　

---

授業の流れを始めに提示します。ゴールが見えることで、自己コントロールができます。また、得意なところ、苦手なところの活躍場面を見通せることで、SOSが前もって出しやすくなったり、意欲的になれたりします

「→」など、今どこをやっているのかわかるポイントカードのようなものを使うことで、1回1回聞かず、自分で判断することができ、やる気アップ！

拡大コピーは、優れもの！教科書やプリントと同じものを拡大するだけで、子どもたちは、今何をやっているのか迷わず、書き込むことができます。また、子どもたちに前にでて書いてもらうのも、効果的です。

『あと何分』といっても時間の感覚が弱い子には分かりにくいです。そこで、時間を「量」としてみることができるタイマーを使うことで、残り時間を意識させることができ、とても効果的です！

### うちわをリサイクル

指示や話に集中してもらうときに、何度も「聞いてください」というより、このようなものを示すだけで、指示が通るようになります！ポイントは、このカードを出したときにできた子どもをたくさんほめることです！バリエーションはひろげられますよ！

### タブレット

タブレットは、簡単に様々なことができます！
○たくさんの問題提示
○簡単にプレゼンテーション
○インターネットの活用
○学習にちなんだゲーム
○個別の対応の問題の解き方や問題提示
○漢字の書き順・書き方・テストなど、教育的活用アプリが豊富です！時短グッズです！

CD-ROM 38

テレビは、かなり活用できます！ビデオやデジタルカメラだけでなく、実物投影機、タブレットもつなぐことができます。資料を提示するだけでなく、こんな活用も…。
例）デジカメやビデオ
　子どもたちの話し合いやノートを撮り、みんなで共有する。
　撮ったものは、その場で見るだけでなく、印刷することで掲示資料に！一石二鳥！

| 10−5＝5　　5＋1＝6 | 11は5と6　そこから5をとったら6 | ■■■■■□□□□□□　だから6 |

**今日の予定**
1 算数
2 国語
3 学年集会!　体育館
4 生活科
★ みんなでかくれんぼ
5 図工

教科書などのページを言うだけでなく、書いて残します。ノートやドリルの形のカードを作り、パウチして、繰り返し使えるようにします（ホワイトボードマーカーで）。

「何時まで」を提示します。時計が読める子どもであればデジタル型でも大丈夫ですが、時計と同じものがよさそうです。時計をパウチして繰り返し使います。
（ホワイトボードマーカー）

ホワイトボードに書くと、書く人も書きやすく、見る人も見やすいです。カードの縁の色を変えることで、話し合いの際、比べ合うときに、伝えるのが苦手な子どもも、伝えやすくなります。
★青いペンを使用するのがおすすめです！

今日の予定を、朝確認するときに、視覚的にも残します。高学年になると移動教室が増えてくるので混乱を防ぎます。カードを作ってマグネットで貼れるようにすると簡単にできます！また、予定外のことが突然入っても、書いて残すことで、自信をもって動けます！

針だけを書き足します

### 実物投影機

実物投影機は、ノートをうつすことができます。
その他に、
　グラフの書き方・図形の書き方コンパスや分度器の使い方など実際に手元を映し、やりながら説明できるので、分かりやすいです。

### 机にも一工夫！

デスクマットをおきます。

その子どもに必要な情報を残します。
例）約束、課題
　　苦手な公式
　　当番等の仕事

お道具箱の中にも、仕切りをつけておくと整理できます。

# 動作化

授業の中でちょっとした動きを入れるだけで、気分をリセットできたり、集中度が増したりすることも期待できます。どこでどんな動きを入れるか、どんなタイミングで入れるかがポイントです！

## 音読

「かえるくんがいました」

声を出すだけでも、動きが出ます！
「立って読みましょう」
「お友達と交換読みしましょう」
など、いろいろなバリエーョンを使ってみましょう。

## 手遊び

授業の始めや途中に、手遊びを入れると、やる気が下がってきたり、分からなくなってきたりしている子などのリセットにもなります。

例）1年生の10の合成を手を使いながら手遊びとしてやります！楽しんで取り組みます。

「5と5で10！4と6で10！…」

## 劇

動作化といえば、「劇」が浮かびます。マイクや、ペープサートを用意しておくと、いつも使えます、お面は、無地のラミネートしたものを作っておくと、そこに貼るだけで、何度も使えます！

## 具体物操作

ブロックだけでなく、様々な具体物を使うだけで、やる気はアップ！また具体物を操作することで、抽象的に考えることが苦手な子にとっての大きなヒントにもなります！
種類別にケースに入れておくことで、どんな教科でもすぐに使えますよ！

## ゲーム

子どもたちはゲームが大好きです！
授業に上手に取り入れることで、楽しく、かつソーシャルスキルを習得できます！
例）国語…【お手紙トランプ】
　絵と文章の神経衰弱をやることで、教科書を一生懸命読みます。
算数…【ラッキーセブン！】
　2人で出した指の数の合計が7になったらそのペアの勝ち！
【算数ボーリング】
　倒した数を合計して勝敗を決める！

## 操作

カードなどを順番に並びかえることで、ノートに書いてまとめるよりも、集中して取り組めます！
例）
【社会の歴史の事柄を年号順に並びかえる課題】
指示をしなくても、教科書や資料集を調べながら取り組んでいました！

## グループ

2人組やグループでの話し合いは、学びを高めあうだけでなく、人間関係づくりにも効果的です。効果的に行うためにも、準備が必要になります。
①話し合いの仕方
②マイホワイトボード
③サイコロ
④時間

## マイホワイトボード

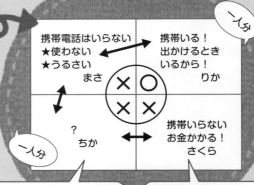

B4の紙をパウチして、いつも机の中か、脇にかけておきます。ペンは、1人1本用意し、筆箱に入れておきます。

自分の意見を書くことで、みんなで整理できます！意見を書き加えるなどして、みんなで参加できます。

## 漢字

漢字を覚えるまで何度も書く！は、全員に適しているとはいえません。空書きや指書きなど、動作もいれて。また、プリントになぞったり、色を塗ったり、シールを貼ったりと複線化して進めることも大切です。

http://gogon.net/sozai/

## ヒントをもとめて

教室のドアや壁等に、ヒントやプリントの答えなどを貼っておく。
ヒントに頼る子どももでてくるが、苦手な子どもも課題に取り組むようになる。
ルールは、その場でお話ししない。

ドアにヒントが貼ってあるから、分からなくなっても安心だね！

## 取りに行く！

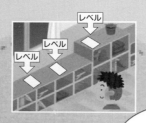

みんなが出歩いていい時間。出歩くと叱られず、「すごく早いね！」「計算得意なんだね！」とほめられる時間！を設定します。
例）課題が終わった後に行うプリントをロッカー等の上に置く。
ルールはその場でお話ししない！
1枚終わったら、次のレベルにチャレジ！
★集中度も増し、目標ももてます！
自主的な活動になります！

終わった人は、どんどんチャレンジしてね！後ろに取りにいってね！

動作化は、とても効果的です。
しかし、教室に落ち着きがない子どもがいると、「できるかなぁ」と不安になってしまうかもしれませんが、『頑張っている子ども』がいれば、きっとその子どもがモデルになり、できるようになりますよ！

# 指示・話し方の工夫

先生の話や指示は、子どもたちにとって、分かりやすいものでなければ、意味がありません！また、話し方一つで、手間も減り、子どもたちにとっても、いいこと尽くしです！
私たちの少しの意識で変わります！

## 話は短く、1文1動作を視覚化と共に

「教科書10ページの1番を9時30分までにやったら、そのあとはプリントをやって、それも終わったら読書をして下さい」

10ページしか、わからなかった…

よーし！どんどんやって、読書までがんばるぞ！

- ①科書の10ページを開いてください。
- ②1番をやります。
- ③9：30までに終わらせます。
- ④終わったらプリントをやります。
- ⑤読書

P10
① 1番やります
② 終わったらプリント
③ 読書

話しながら、提示することで、耳と目の両方から情報が入ります！

必要な子どもには、机間指導しながら、個別にもう一度話します。

## あいまい言葉はNG！具体的な言葉を！

抽象語をできるだけ少なくしましょう！曖昧さは、子どもの混乱を招きます。時には、友達同士のトラブルのもとにもなります。

**NGワード**
「あっち」「こっち」「あと少し」

## 注意をひいてから、伝えましょう！

いきなり話し始めずに、「今から話すから、みんなは聞く時間」という状況・場面を丁寧に作ることが大切。
例　・「今から三つ話します！」
　　・「静か（　）に（　）」うちわ（視覚的補助）
　　・手遊び
　　・アイコンタクト

## 友達の発表を聞く時には作業も一緒に！

発表会などで、45分（もしくはそれ以上）の時間、友達の発表を聞いているのは…。聞くときに、聞き手にも役割や課題があると、集中度は高まり、持続します。

①プリントの用意

(1) 上手なところを
　　10こ書きましょう

(2) 初めて知ったことを
　　10こ以上書きましょう

②ビデオカメラマン係

③聞いた人へ付箋に感想を書いてわたす。

④評価カードを渡しあう。

グループや2人組で、プリントに書いたことをもとに、感想を伝え合う。

# ほめ方にも工夫が！

当たり前のことに、クローズアップしてみませんか？すると、子どもたちのがんばりが見えてくるはずです！

## 注意をひいてから、伝えましょう！

スモールステップを踏むことで、できることが増えます！そうすれば、自然とほめる機会も増えます！
子どもたちも、やる気になり、教師との信頼関係も築けるチャンス！一石二鳥です！

## 5Sがあふれるクラス

すごい / すばらしい / さすが / すてき！ / それでいいよ

あらゆる場面で使ってみてください！具体的言葉とセットで使うと、より◎

## ルールは守るためのルールに！

さっき、約束したでしょ！どうして守らないの？

守れない約束 → 守れる約束（ほめる量がふえます！）

こんな場面ありませんか？この背景には、「守れない約束」があります。

## 授業のねらいを明確に

| この時間に、習得することを『一つ』決めている。 | できるようになったことが、はっきりと見とれる！気づく！ | 「すごいね！」「できたね！」と具体的にほめることがふえる！ | ほめられてうれしい！達成感を感じられる！またがんばる！勉強が楽しくなる |
|---|---|---|---|
| 授業のねらいがあいまい、もしくはねらいが多い！ | ほめるポイントがずれる。もしくはほめられない。 | 細かいところや、余計なところに目が行き、注意が増える（この時間じゃなくてもいい点を指摘する）。 | ○ほめられても、心に落ちない！<br>○細かい！うるさい！と反抗心が生まれる。 |

CD-ROM 42

# 授業のユニット化

型や枠組みがある程度一定していることは、気持ちや行動を安定させます。また、先生も型や枠組みがあることで、授業を作りやすく、また、工夫もしやすくなります。子どもたちは期待感と見通しを持ちやすくなります。安心して取り組める授業になります！

## 例えば1年生の算数

- 10団子の歌
- 大トランプのフラッシュカード

### 学びをそろえる
プリントと拡大コピーを使って、前時に行った計算を一緒に行い、「学びをそろえます。」
同じような問題を2問程度行います。

**15分**

### 今日の課題
『15－8の計算』
新しい問題を、プリントと拡大コピーで行います。新しい計算方法は、モニターを使ってアニメーションで確認します。机間指導しながら、確認・支援します。

**30分**

### チャレンジタイム
全員共通のプリントを1枚（5問程度）。その後レベルアッププリントを取りに行く。○付けは○付けコーナーで行う。

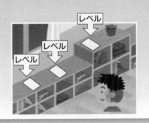

**45分**

## 例えば2年生の国語

### 学びをそろえる
音読を行う。
- 立って読む。
- 友達と読む。
- 全員で丸読みをする。
- 役割読みをする。

お手紙トランプをする。
- 挿絵と文の神経衰弱
- 場面ならべ
- イメージゲーム

### 今日の課題
『プリントに、カエル君の気持ちを書き込む』

プリントに書き込むイメージがつかない子ども、書く場所が分からなくなった子ども、何を書いていいのか分からなくなった子どもは、ヒントコーナーに確認に行きます。！

### チャレンジタイム
プリントが出来上がった子から、漢字チャレンジを行う
- レベル①　きれいになぞろう
- レベル②　漢字読めるかな
- レベル③　漢字書けるかな

## 例えば6年生の社会

### 学びをそろえる
- 言葉や写真のフラッシュカード

前時に学び、考えたことを、3人と意見交換をしてくる！

### 今日の課題
『時代の流れを知ろう』
- この時代に起きたことをカードにし、マイホワイトボードの上で操作したり、書き込んだりしながら答えを考える。必要に応じて教科書を見たり、資料集を見たりしながら考える。

自分でまとめたものを、友達と意見交換しながら、答えを導き出す。深める。
ホワイトボード
ノート
プリント
等を使いながら。

### まとめの時間
板書を写したり、
自分の考えを
まとめたりする時間。

## 時差をなくそう！大切な45分！

特に、低学年では課題が終わった後の、待っている時間の使い方が、自己判断できず、『遊び』の時間に変わっているケースがよく見られます！
全員に45分の学習時間を確保することは、とても重要な課題ですよね…。

### 個別の課題を用意【ストック】しておく

その時間ごとに用意をするのはとても大変です！時間があるときに、まとめて作っておくと便利です。
　○引き出し　○棚　○封筒　等に入れて、子どもたちが自主的に取りに行けるところにおきます。宿題で持って帰る子どもも出てきます！
『〜レベル』なんて書き加えておくとやる気アップです！
★折り紙の折り方やぬりえ、迷路もおすすめです。

### マイノートの作製

○マイノート
作成には、保護者の方のご協力をいただくといいでしょう（懇談会等でメリットを話す）。
　ノートに自分のお子さんにあった課題をかいてもらったり、プリントを貼ってもらったりします。子どもたちはそのノートを毎日持ってきて、課題が終わった時間や、先生が突然何かに対応しなければいけなくなったときに、使います。
○リベンジノート
　間違えてしまったプリントやテストを、どんどん綴じて、マイノートと同じように使用します。高学年にお勧めです！

### ミニ先生募集

全員にミニ先生の名札をあげる。この時、
①みんなに助け合ってもらいたいこと
②いいところをどんどん発揮してもらいたいことを伝えます！
早く課題が終わった子どもにミニ先生をやってもらいます！　↓
　ミニ先生をしてくれた子どもにはありがとうシール、教えてもらって、レベルアップできたと思う子どもには、ラッキーシールを名札の後ろに貼ってあげます！

# ちょっとしたお助け…

お助けグッズも、支援方法もたくさんあります。しかし、それをどの子どもに、どのように使うかがとても大切です。ここでは、その一部しかお伝えできませんが、どの先生方にも気軽にやっていただけるものばかりです！ぜひ参考にしてみてください！

## 弱いところを補充するより、強いところでカバーできる技能！

### 例えば漢字だったら…

何回繰り返しても、どうしても覚えられないのはどうしてかな。

**ここでお助けを！**

あ！このやり方だったら、すぐに覚えられそう！やってみよう！

勉強が楽しくなってきたな。他にもチャレンジしてみよう！

- **木**と**木**で林
- **夕**と**口**で名

組み合わせで覚えられるかもしれない！

**竹**はカタカナでケケっと笑う！

言葉にしたら覚えられるかもしれない！

絵にしたら覚えられるかもしれない

指の感覚で感じることで覚えられるかもしれない

○シールを貼る。
○砂を使う
○でこぼこペン等

一つのやり方だけでなく、いろいろなやり方を提案し、適した方法で学ぶことが大切です！必ず得意なことがあるはずです！

機器を使うことで、先生と子ども、お互いにとって、たくさんのメリットがあります。本人のやる気を高めるためのきっかけにもなります。一度エンジンがかかれば、使う時間は、自ら減らしていきます。

## 機器を活用して！

**多機能計算機（CASIO）**
・普通の計算機機能の他に、あまりのある割算、分数の計算、約分等も行えます。計算ができないことで、さらに、できないことがどんどん増えてしまうのを防ぎ、やる気をなくしません！

**読みあげペン　さとしくん！**
http://item.rakuten.co.jp/addplus/c003/
・教科書やテストなど、読みに困難がある子どもの力になります！シールと関連付けて録音することで、読みたい部分のシールを機械でタッチすると録音したものが再生されます！

**タブレット**
・アプリが豊富で、様々な使い方ができます。個別対応、簡単なアセスメント、プレゼンテーション、録画等も、簡単に行えます。子どもたちも大好きです！

**吹き出し黒板**
・吹き出しに書くことで、視覚的にクローズアップされます！黒板の他に、ホワイトボードやパウチで作ったシート等でもOK！色を変えたり、活動によって変えられるように用意すると便利です。

**タイマー**
・時間が量として見えるタイマー。
・砂時計も使えます。
・タブレットやスマートフォンのアプリにもあります！驚くほど時間内に活動できるようになります。

**様々な手作り支援グッズ**
・市販の文房具に一つ付け足すだけでも、手先の不器用な子どもの支援になります。
・単位の学習でも、単位表を渡すだけで、理解の手がかりになります！

参考文献　学研　井上賞子　杉本陽子著　「特別支援教育はじめのいっぽ！」

## ちょっとした声かけ・ヒントは魔法の杖

音読が苦手です。一生懸命読んでいるのですが、いつも最後まで、読み切れません。指を使えば読めます…。

先生が、文に線を引いてくれたら、読みやすくなりました！頑張ります！

「大丈夫だよ」と、読む量を減らしてくれた！頑張ろうと思った！

（文節に線を入れる）

四時間目のことです。一ねん二くみの子どもたちがたいそうをしていると、空に、おおきなくじらぐもがあらわれました。
（光村　一年国語）

→

四時間目のことです。一ねん二くみの／子どもたちが／たいそう／を／していると、空に、／おおきな／くじらぐもが／あらわれました。
（光村　一年国語）

★線を入れるだけで、読みやすくなります！
ちょっとしたことで、学びやすくなります。
★「自分で分かるまで考えて！」ではなくて、考えるヒントを早い段階で渡すことがとても大切です！

## 宿題は、その子どもに必要なことができる最大の支援！

勉強がよく分からないからできない
↓
できないから忘れる
↓
叱られる　なんらかのペナルティ

「みんな同じ」宿題にはそもそも無理があるかもしれません。
漢字の学び方がいろいろあるように、その子どもにあった学び方や意欲の高め方があるはずです！
◎家でやってこられる宿題
◎やってきたことをほめられる宿題
◎保護者の方を追い込まない宿題

宿題は一人ひとりとつながれる時間

◎みんなよりも、大きなマス。
◎薄く書いてあるところをなぞる
★みんなと同じ「1ページ」でも、マスの大きさが違うだけで、心の負担も軽減

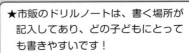

★市販のドリルノートは、書く場所が記入してあり、どの子どもにとっても書きやすいです！
★算数など、同じ内容をレベル別に作っておき、選択させると、できる宿題になります。
☆プリントは何パターンか用意して！
☆日記は毎日やりたいですね！具体的支援の場です！

## 姿勢が良くなるだけで、集中度はアップ！

合い言葉にして、授業の前に確認します

足が床についていることで、安定します。牛乳パック等で足のせ台を作るのもおすすめです。

せなか　ピン
あしのうら　ペタ
おなか　グー

背中が『ピン』とできない場合椅子を変える・背中や座るところにクッションを入れるという手もあります。

http://ieb-support-back-up.com/
特定非営利活動法人アイビー

# 教室環境 見直してみませんか？

教室環境は、とても大きな作用をもたらします！
しかし、ちょっとした工夫で、居心地のいい場になるはずです！
まずは、教室をチェックするところから始めませんか？

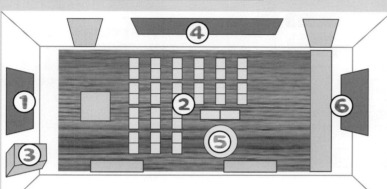

主にここでは
① 前面【黒板】
② 座席・机椅子
③ 本棚やロッカー
④ 側面の壁
⑤ ハッピールーム
⑥ 背面
を挙げます

## ① 黒板はすっきりきれいに！

黒板と教室正面は、できるだけすっきり！あまりたくさんのものを貼らない方が、集中できます！

黒板は、できるだけピカピカに！小さな消し忘れも、見る立場からすると、とっても気になります。黒板には、日にちとスケジュールぐらいで！その他のものは、小黒板や、紙に書いて別のところに！

## ② 座席には十分な配慮を!!

① モデルになる子どもを斜め前の席に位置する。
② 友達関係にも配慮！
③ 机間指導しやすい「黄金ロード」を作る！
④ 座った時に足は床についている高さに。
⑤ 特別席を作って、いつでもだれでも、先生の側で学べる場所を作る！
⑥ 見やすい所、聞こえやすい所を見つけて！

よりよい行動に気遣える支援を大切に！ここにもほめるチャンスが！

## ③ 目隠しを上手に使って！

本棚・先生の本棚・前の掲示物なども、授業中は、カーテンなどで遮ることも効果的です。黒板に集中してもらう工夫が大切です。

## ④ 一人一役！仕事分担・仕方を明確に

一人一役！お仕事コーナー

当番活動 ｜ 仕事の仕方 ｜ 掃除担当 ｜ 掃除の仕方
①1時間目の休み時間までにやる
②給食当番12:40にはいただきますをします　等

今日のきらり

①三角巾を被る
②13:15に始める
③カードをみて！
④13:35に反省会
⑤かたづけ！

カード入れ
教室

100円ショップ等に売っているキーホルダーに名前を書いて、ひっかけて使います。移動しやすく、1年間使えます！仕事は人数分用意します。自分の仕事が明確になります。

壁にコーナーを設けて、当番等の仕事関係は、まとめて掲示します。『ここを見ればだれが何をするのか』が分かることで、一人ひとりが仕事に取り組みやすくなります！そして、困っている子どもも、分かりやすく、仕事に取組み、ほめられるチャンスが増えます！

## ⑤ ハッピールームの設置

「落ち着くなぁ。」

- 辞書や本などを置いて、いつでも読んでいい状態に。目隠しにもなります。
- ペンや画用紙など、当番、係、学級会等で使えるものを、ラベルを貼り自由に使えるようにします。
- テーブルをおくことで、係や当番、学級会の準備など、自主的な活動をする場になります！

ハッピールーム（子どもたちが考えた名前です！）
○この部屋の利用ルールを設定
○道具には、ラベリング
○本棚で周りとの境界を作る！
○下に敷くものは、拭けるマットが適しています！
○授業中でも落ち着けないときや気持ちが不安定なときは利用してよい約束。
○どの子どもも使ってもよい！
○部屋の飾りは、子どもたちが考えて行うと素敵な部屋ができます！！
★「誰かだけでなく、みんなのためにある部屋！」と伝えることが大切です！

## ⑥ 背面は、子どもたちの活躍やクラスのあゆみを

かかりコーナー

- 各月のめあて・写真・頑張り・学級活動の様子・行事等を掲示
- 友達同士で認めあう場
  ・感謝・頑張り・特技等、帰りの会等とリンク
- 係は学級がよりよい集団になるために、とても大切なこと！子どもたちが活動しやすい場所を確保！
- 背面は、ぜひ子どもたちの活躍の場をみんなで見ることができる場に！「みんながいるから楽しいクラス！」にしたいですね。

# ぽかぽか学級づくり

全ての土台は、「あったかいクラス」です。安心・安全なクラス、居心地の良いクラス、SOSが出せるクラス…。クラスづくりが最大の支援です！

みんなが大切！のクラスづくりが基本です！

先生の思いを、言葉にして、しっかりと伝えたいですね。また、先生の姿勢がほかの子どものモデルになることも大切です

- みんな、それぞれ苦手なことがあるよね。誰にでもあるからこそ、支えあおうね！
- みんなには、それぞれの良さがあるよ！一緒に見つけていこうね！
- 困っていたら、SOSを出してね！先生も助けるよ！みんなも、助けあおうね！
- SOSが言える！
- 一人ひとり、それぞれにあった方法で自信をつけてもらいたい！その方法を一緒に見つけていこう！
- 「〇〇君だけいいな」ではなくて「いいよ」が言える！
- みんな、このクラスの大切なメンバーです！一人ひとり、大切です！
- クラスのまとまりも、大切にしたい！一人ひとりの力が集まってつながった時、きっと素敵なクラスになるよ！
- みんなのがんばりを、みとめあおうね！

「困っていても、助けてもらえそう。安心だなぁ。」
「みんなと仲良くできそうだなぁ」
「できなかったことが、できるようになるかな！頑張ろう」
という気持ちになれるクラスをつくりたいですね！

## 下足箱ポスト

クラスでいいことがあった時、みんながつながったなと思うことがあった時、考えてもらいたいことがあった時等に、B6,B5程度の紙に書き、その時の思いも加えて、印刷。それを放課後下駄箱に入れておくと、翌朝、担任にあう前に、手紙を手にします。
　余計な話をしなくても、手紙を読んでくれた子どもたちは、行動に現してくれます！手紙効果です！

## 学級通信を有効的に！

学級通信で、子どもたちの様子、特に成長したころや頑張り、活躍を伝えることで、自信につながります
例）★子どもたちの思い
　　★努力している姿・頑張り
　　★保護者コーナーをつくり、保護者の方からクラスの子どもたちにメッセージをもらいます！たくさんの人に見守られている感がいいようです！
　　★1週間の予定を載せます。
　　　必要な持ち物も載せます。

## 学級会でつながるクラス

学級会をすると
①子どもたち同士の関係が深まります！
②楽しみが増えます！
③自分たちで考え、決めたことができたときの達成感が、自信をつけ、成長させます！
④お互いの得意不得意を知り、生かしあったり、支えあったりするつながりができます！
⑤よりよい方法を自ら考え得る力が付きます！
方法等は www.nier.go.jp/kaihatsu/pdf/tokkatsu_j.pdf を参考にしてみてください！

## 係活動で、活躍の場面を！

係活動は、子どもたちの創意工夫によって行われる活動です。よりよいクラスになるよう、みんなが楽しく生活ができるように、活動することで、「自分の居場所」ができます。友達にも認められます。誰かのために何かすることの達成感は、モチベーションを高めます。
★活動できる場
★5分でも活動できる時間の確保
★創造的な活動ができる時間
★認め感謝しあう場の設定を意識したいですね！

# 学級経営20の法則

### 1 イガイガ言葉撲滅！ぽかぽか言葉推進
- ★子どもたちが使ったぽかぽか言葉を掲示し、あったかい環境づくり。
- ★ロールプレイやゲームをしぽかぽか言葉の心地よさを感じる。
- ★帰り会の等の時間にぽかぽか言葉を伝える時間を作る。意図的に場面を設定する。

### 2 叱り方・3つのポイント！
- ★感情的に怒ると、結果としてかえってこじれます！
- ★叱ることはできるだけ減らし、どうしてもの時に毅然と叱ります。
- ★叱る規準を伝えておくことで、子どもたちは、安心して過ごせます。

### 3 静寂の時間を作る「サイレントモード」
- ★普段から『お話をしない時間』を設定し、静かな状態を体感させる。
- ★『静かにしなさい！』という言葉で、先生が騒音にならないように！
- ★静けさは、最大の支援です！

### 4 叱るのはあっさり、行動はしつこく
- ★「行動は叱っているがあなたのことは嫌いなわけではない」と伝える。もしくは、そういう話し方をするよう意識します！
- ★ネチネチは、教師がマイナスの感情を長引かせ関係は悪くなります。
- ★正しい行動ができるよう、そばについてしつこく一緒に活動します。

### 5 2つの顔で『メリハリ』を！
- ★普段穏やかな態度だからこそ、注意するときに効き目がアップ！
- ★あったか目力！キリッと目力！しっかり使い分けて！

### 6 3秒ルール
- ★何かトラブルが起きたら、まず、3秒以内に謝るルールを（謝るタイミングをなくしません！）。
- ★お互い落ち着いたら、ゆっくり話しを聞き、解決する。
- ★低学年にはかなり有効的。

### 7 具体的指示「あと○分○秒で終わり！」
- ★「あと少し」などあいまいな言葉で指示はできるだけなくして！
- ★視覚支援を有効的に！
- ★ゴールがはっきり分かると、頑張り度もアップ！

### 8 スペシャルデーマジックを！
- ★「今日は計算スペシャルデー！」と伝え、ミニテストや計算ゲームなどをやります！『スペシャル』とつくだけでも、楽しい時間になったり、やる気になったりします！『スペシャル』はまさに魔法の言葉です！【使い過ぎに注意！】

### 9 全体指導と個別指導の使い分けを
- ★7割以上の全体指示以外は、近づいて、小さな声で伝えよう。
- ★叱る場面、大きな声で叱るのも、歩み寄って叱るのも、3秒程度！できるだけ歩み寄りたいですね！
（大きな声が増えてるなと思うと、万歩計をつけて意識をします！）

### 10 ゆっくり毅然と！話の間を大切に
- ★話の間が子どもの聴覚的な集中力を高めます！
- ★言葉を減らす！ゆっくりしゃべる！落ち着いてしゃべる！
- ★間の沈黙を恐れず、「待ち」ができる先生で！

### 11 クラスがまとまる記念日遊び
- ★誕生日など、友達の存在価値を一緒に感じられる日
- ★友達と一緒に目標を達成できたとき！
- ★誰かのせいにしたり、責めたりしないという約束を明確に！

### 12 授業づくりに『視覚』『動作』『複線化』を！
- ★まずは週案でめあてをはっきりと！そこから、複線化した授業展開を！パターン化することで、準備もしやすくなります！
- ★いつでも使えるグッズを年度当初、長期休みに作成！
- ★オリジナルゲームのレパートリーを増やそう！

### 13 3間（サンマ）を意識して
①空間②仲間③いい時間
- ★どの子どもにも良さが発揮される空間があり、それがいい時間となり、認めてくれる仲間がいる！というクラスづくり！の合い言葉！
- ★自分も役に立てるという手ごたえと心地よさを感じさせたい！

### 14 遊び心を忘れずに！
- ★休み時間は、子どもたち以上に遊ぶ！
- ★授業にも、遊び心を取り入れて、楽しくなる工夫を！
- ★トランプやオセロなども工夫次第で授業が活気づきます！

### 15 笑顔！ほめ名人
- ★1日でどれだけ5Sが言えたか、自己最高記録に挑戦！
- ★心で泣いて、腹で怒って、顔で笑って伝えましょう！
- ★笑顔は子どもたちの心を開く鍵！

### 16 学級活動は子どものゴールデンタイム
- ★話し合い活動を通して、豊かな人間関係づくり。
- ★自分たちの力で決定し、実践し、達成感を感じさせる。
- ★係活動を充実させ、創意工夫あふれる学級に！

### 17 個のものさしを大切に！
- ★それぞれのものさしの目盛を自分に合わせず、理解し、使いやすい状態にするのが先生の仕事！
- ★その子どもにあったものさし（グッズやツール）を用意し、子どもたち自身が使えるようになると、学びが高まります！

### 18 心の目と心の耳で！（アイア～コンタクト）
- ★読み聞かせや講話など、どのような心で聞いたのか、書く
- ★相手の心を理解することが苦手な子どももいますが、クラスの雰囲気が『相手の心』を自然に意識できるようになれば、救われる子どもは増えます。クラスの合い言葉にしたいですね！

### 19 頑張る子どもたちが得するクラス
- ★頑張ったことを、帰りの会や学級だより、掲示等で広め、伝える。
- ★みんなでルールを決め、頑張っている人には、スペシャルデーを。
- ★ほめられた子どもはモデルになり、結果周りの子どもにもいい影響が！
- ★結果ではなく、頑張りが認められるクラスづくりが基本！

### 20 ルールは安心材料！
- ★ルールを守っていない子どもを叱るより、ほめることを意識して！
- ★ルールがあることで安心して過ごせます！
- ★ルールは『規制』よりも、自主的に、子どもたちらしく生活できるためのお守りです！

主な参考文献　明治図書　高山恵子　編　松久真実　米田和子　著　発達障害の子どもとあったかクラスづくり～通常の学級で無理なくできるユニバーサルデザイン

# みんなが大切！のクラスづくりが基本です！

これは一つの案です！大切なのは、1年間の見通しと、ねらいを焦点化することです！

## 1学期　理解し認めえあえる人間関係づくり

### 4月　出会いに感謝
★安心して学べる教室づくり
☆他己紹介ゲーム
・始業式の前の黒板に言葉
・要録から「いいとこリサーチ」
・学級だよりで児童の参加コーナーを設定
・座席交換給食　・1年間の見通し

### 5月　共に学び仲間づくり 学びを高める
★安心して学べる集団作り
☆SSTゲーム
（SSTトランプ）
・学級目標づくり
・みんなで決めようルール作り
・係活動の準備期間
・学習コーナーの充実

### 6月　みんなのことをくわしく知る
★共に育つ、育てる信頼づくり
☆私は誰でしょうゲーム
・静かな授業づくり
・授業の工夫・学びをほめる
・保護者との連携
・ぽかぽか言葉グループ交換日記

### 7月　2学期に向けての振り返り
★共に育つ、育てる信頼づくり
☆私は誰でしょうゲーム
・静かな授業づくり
・授業の工夫・学びをほめる
・保護者との連携
・ぽかぽか言葉グループ交換日記

## 2学期　協力し尊重しあえる人間関係づくり

### 9月　協力できるクラスづくり
★集団の力を高める
☆グループ対抗ぽかぽか言葉宝探し
・体験活動の充実（教科の中で）
・グループ活動を意図的に増やす
・休み時間のクラス遊びの工夫

### 10月　助けあえる学級づくり
★考えを伝えあう
☆秋のクラススポーツ大会！勝ち負けは助けあい場面の数！
・掃除大作戦
・ミッション大作戦
「今日のミッションは！」と投げかけ、グループやクラスで解決する！

### 11月　認めあい高めあう学級づくり
★長所も短所も認め、お互いの力を有効活用し、成長する
☆学年集会でクラス対抗戦！
・学校行事を活用し、目標や練習内容などを話しあい、取り組む
・忙しい2学期！あえてゆとりをもてるように！

### 12月　3学期に向けての振り返り
★あらゆる経験から、自尊感情を高める
☆2学期がんばったね会
・3学期の目標設定
・先生の通知表
・ゴールまでの見通し
・今年の漢字！自分の1年を発表

## 3学期　つながりが感じられる関係づくり

### 1月　信頼関係を深め、つながる学級づくり
★このクラスでよかったと思えるようにする
・思い出すごろく大会！今までの思い出を使って子どもたちが作成します
・思い出ランキング、未来思い出ランキング
※6年生はアルバムのクラスページの話し合いを大切に！

### 2月　成長を認めあえる学級づくり
★次年度への期待を高める
☆カウントダウンカレンダーの作成
・自分の得意なところを伝える掲示や会を企画。次の学年に自信をもって進級するために！
・なんでもチャンピオン大会
・下の学年に、自分の学年の紹介する場面を設定する

### 3月　未来につながる学級づくり
★次年度のよりよいスタートにむけて
☆1年間ありがとうの会を授業参観で行う
・1人B6程度の紙に、未来予想図を書き、まとめる。
・次の学年でどんなことをしたいのかを伝えあう会や掲示をする。

主な参考文献　東洋館出版社
全日本特別支援教育研究連盟編
責任編集　福岡いつみ
『特別支援教育　学級経営12か月　通常の学級』

## 子どもたちと一緒にクラスづくり楽しみませんか?

1年間の流れの中で、新学期の迎え方も含めて、いくつかご紹介します!きっかけは、先生からの声かけや支援であっても、クラスが育ってくれば、子どもたちからどんどんアイディアが出てきて、自分たちの力で「あったかいクラス」をつくってくれますよ!

### 1学期

◆学級だよりの工夫

子どもたちの活躍を写真にとって、できるだけリアルタイムに、配布したり、掲示したりします!子どもたちからのコメントもたくさんもらい、子どもたちどうしのつながりも大切にします!4月は多めに発行し『いいとこさがし』の種をたくさんまきます!

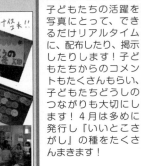

◆新学期の黒板の工夫

新学期を迎えるときは、黒板に、工夫をします!これは前学期に使った輪飾りをリサイクルして、蛇年にちなんだものを作りました!教室に入って「今学期も楽しもう」と思えるものを用意したいですね。

◆学級会の充実

学級会での話しあいは、子どもたち同士の理解を深めます。回数を重ねることでより深い話しあいができ、「自分たちの力でクラスをつくる!」という思いが強くなります!学級会のやり方を上の学年に見学に行くといいですよ!

### 2学期

◆掃除大作戦

1週間ごとに、題目を変えます。
例)1週目…掃除グッズの工夫コンテスト
2週目…誰も気づかないところを掃除できるかコンテスト!
3週目…人に喜ばれる掃除コンテスト
自分が頑張るとグループのためにもなり、きれいにもなる!誰かの役に立てることが実感できます!

◆ぽかぽか言葉探し

グループや個人で、友達のぽかぽか言葉探しをします。探したら、友達のコーナーに、コメントを書いた紙を貼ります。毎日の帰りの会などを活用します。学期初めにスペシャル月間を設けることで、気持ちが良いスタートができ、安心して『このクラスなら頑張れる』と思えるきっかけになります!

◆ゴールまでの見通し

ゴールまでの見通しをもつことで、残りの日々を、めあてをもって、より大切に過ごそうとします。2学期頃になると、自主的活動ができるようになり、カレンダーは子どもたちが学級会を通じて話しあい、作成できます。

### 3学期

◆おもいですごろく

学級会でルールを話しあいます。一つ一つのマスに、分担して思い出を書きます。みんなで双六をしながら思い出話が盛り上がります!休み時間など、自由にやれるように、おいておきます!担任も子どもたちの思いが分かり、あったかい気持ちになります!

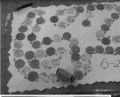

◆何でもチャンピオン大会

自己申告で、何のチャンピオンか発表します!それに挑む人がいれば、勝負しなければ、そのままチャンピオン認定です!みんなの得意なことも分かりあえるし、自分にも自信がつきます!大切なことは、3月には、全員が掲示されることです。

3月、子どもたちは「感謝の気持ち」をもち、話しあいを行えるようになります。子どもたちの思いを大切にしたいですね。1年の集大成です!

◆感謝の会

## 子どものSOSを解決するための おさらい

### 視覚化
先生や友達の話をただ聞くだけで理解できない子どもの中には、記憶の問題、理解の問題、集中力の問題等が関係している場合があります。視覚的に残すことで、活動がスムーズになったり、叱られることが減ったり、やる気が持続したりします！

### 動作化
本当はじっと座っていたい、静かに授業を受けたいと思っているのですが、「思わず動いてしまう」「話しかけてしまう」ということがあります。動作化を入れることでリセットでき、その子どもだけが目立つこともなくなります。嫌な思いをすることなく、意欲的に参加することができます。

### 指示・話し方
指示が長かったり、「これ」「それ」「あれ」等の「こそあど言葉」が多かったり、早口だったりすると、理解したくても聴覚の問題、短期記憶の問題、理解の問題等で聞いていないと誤解されることがあります。ちょっとした配慮で、自己判断をすることができ、意欲が高まります。

### ほめ方にも工夫を
支援が必要な子どもは、ほめられる機会が少ないです。逆に叱られてばかりいます。ほめられる事で、信頼関係が生まれ、また自己肯定感も高まります。「ほめるところがないんです」という言葉をよく聞きますが、ほめる場面を意図的に作ることが必要です。できたことをほめるのではなく、努力している姿を認めることが大切です。

### 授業のユニット化
パターン化は、とても安心します。私たちの日常生活もおおよそパターン化されています。変更や変化に弱い子どもがいます。その子どもたちは、そのような不安感が行動面に出ます。授業の流れをユニット化し、それをパターンとして認識すれば、安心して落ち着いて授業に参加することができます。

### 時差をなくそう大切な45分
学級では、個々の差が大きく、指導方法に悩んでいる先生方も多くいます。待つ時間、すなわち自由時間ができることで、結果として叱られる場面が多くなることがあります。子どもたちが活躍する場面をつくることで学習の確保と同時に、個々の違いを理解しあえる学級、応援しあえる学級づくりにもつながります。

### ちょっとしたお助け
子どもたちによって、お助けニーズが異なります。たくさんの機器やグッズを利用することで、子どもにとっても大人にとっても助けになります。また、それらを使うことで、理解を深めやる気を出すことにもつながります。「こんなものを使ったら将来できない子に」「この子ばっかり特別にはできない！」と考えるのではなく、「これを使うとこの子は救われるな」「この子にとっていいものはみんなにとってもいいはず！」と見方を変えることが大切です。だって、私たちも辞書を引かずに携帯を使っていませんか？

### 教室環境見直してみませんか？
1日いる教室が過ごしやすい場になることは、必要不可欠です。子どもたちにの声を聞き、一緒に作れる場でもあります。掲示物や先生の机の上などがすごく気になる子ども、黒板が見にくい子ども等、集中を妨げるものをセーブするだけでも、落ち着いた学級になります。

### ぽかぽか学級づくりの大切さ
最大の支援は、ぽかぽか学級づくりです。自分を理解してくれる先生や友達に囲まれ、安心できる、信頼関係が築ける人間関係があることで、自分を振り返ったり、正しい行動ができたり、頑張れたりできるのです。教室がぽかぽか温かい場所であることで、他の支援方法もスムーズに効果を発揮します。

# 1・2年生用 気づきのための チェックシート

| | 1ステップ | ステップ2 |
|---|---|---|
| 聞く姿から | ・ぼーっとしていて聞いていないように見える、感じる<br>・聞き間違いがある・指示を聞き返す | ・聞きもらしがある<br>・一斉だと伝わらないが、個別に伝えると伝わる<br>・指示の理解が難しい |
| 話す姿から | ・過度に話す<br>・話しあいが難しそう…<br>・「はい」「いいえ」では答えられるが、説明しようとすると言葉につまる | ・思いついたまま話すなど、話の筋が通らない<br>・同じことを何度も繰り返して話す<br>・話しあい中も理解できていないよう<br>・思い込みが激しく言い張る・ゆずらない<br>・語いが少ない。また、「これ」「それ」などの指示語を使う<br>・単語の羅列や短い文で内容的に乏しい話をする |
| 読む姿から | ・音読が遅い、もしくは、とても早い<br>・勝手読みがある（「いきました」を「いました」と読む）<br>・文章の内容・要点を正しく理解できていない | ・ひらがなやかたかなを読むのが難しい（拗音・促音）<br>・逐語読みをする<br>・文中の語句や行を抜かしたり、または繰り返し読んだりする<br>・似た字を読み間違える<br>・聞いたことは理解できるようだが読んだことは理解できていない<br>・算数の文章題が苦手 |
| 書く姿から | ・読みにくい字を書く（字の形や大きさが整っていない。まっすぐに書けない）<br>・文字の視写が苦手 | ・独特な筆順<br>・なぞり書きが大きくそれる<br>・漢字などの細かいところが抜けたり、書き足したりする<br>・鏡文字がみられる<br>・黒板を写すのに時間がかかる（連絡帳なども） |
| 特に算数の時間 | ・計算が苦手（時間がかかる）<br>・定規等でまっすぐな線が引けない | ・指を使って計算する<br>・筆算の位取りを間違える<br>・簡単な暗算ができない<br>・大小の判断ができない<br>・図形が書けない |
| 友達と… | ・友達とトラブルになることが多い<br>・休み時間にひとりでいることが多い | ・順番が待てない<br>・気に入らないことがあると、我慢できずに乱暴な言葉や行動をとる<br>・相手の態度や表情が理解できない<br>・人の嫌がることを言ったり、他の人がやっていることを邪魔したりする<br>・相手の言った言葉をそのまま受け取る |
| 授業中は？ | ・離席など、じっと座っていられない<br>・忘れ物が多い・なくしものが多い | ・いきなり大声を出す<br>・集中できる時間が短い<br>・初めての場所や体験に落ち着きがなくなる<br>・よく「うるさい！」といって耳をふさぐ<br>・集中してやらなければいけない課題をさける<br>・整理整頓ができない |
| 図工や体育 | 図工や体育が苦手で、取り組もうとしないことがある | ・創造したことを絵などに表現するときに、なかなか進まない<br>・折り紙がきれいにおれない<br>・線に沿ってはさみで切るのが苦手<br>・ボールの扱いがぎこちない<br>・リズムに合わせて動くのが苦手<br>・縄跳びが苦手 |
| その他 | ・突然の予定の変更に怒り出したり、パニックになったりする<br>・こだわりや過敏性がある | ・危険な行為をする<br>・いつも同じ遊びをする<br>・泥や油粘土に触れるのを嫌がったり汚れを気にしたりする<br>・体の接触を嫌がるようなしぐさをする<br>・極端な偏食 |

## 実践研究　量的分析と質的分析による授業研究の実際

### 通常学級における授業ユニバーサルデザインの有用性に関する実証的検討
－小学1年生「算数科」を通した授業改善を通して－

> 要旨：小学校1年生「算数科」を対象に授業分析を行い、ユニバーサルデザインの視点として1.指示・説明の工夫(支援の複線化)、2.学習活動のユニット化、3.学習時差への対応、4.視覚化、5.動作化、6.称賛の工夫とその機会を増やすことの6点を指摘し、授業改善を行った。その結果、児童の授業参加度が高まり、児童の自己評価にも顕著な向上が見られた。さらに、学級生活全般への満足度も高まり、学級経営的側面へも授業改善による効果が示唆された。

## I　問題と目的

　通常の学校における特別支援教育の推進は喫緊の課題となっている。共生社会の形成に向けたインクルーシブ教育システム構築のための特別支援教育の推進（報告2012）[5]によれば、「特別な指導を受けている児童生徒の割合を比べてみると、英国が約20％（障害以外の学習困難を含む）、米国は約10％となっており、これに対して日本は、特別支援学校、特別支援学級、通級による指導を受けている児童生徒を合わせても約3％に過ぎない。これは、特別な教育支援を必要とする児童生徒の多くは通常の学級で学んでおり、これらの児童生徒への対応が早急に求められ」ており、特別支援学級や通級指導教室の設置、校内・外支援体制の整備等が進められている。

　また、文部科学省(2012)による「通常の学級に在籍する発達障害の可能性のある特別な教育的支援を必要とする児童生徒に関する調査結果」[6]でも、「学習面又は行動面で著しい困難を示すとされた児童生徒を取り出して支援するだけでなく、**それらの児童生徒も含めた学級全体に対する指導**をどのように行うのかを考えていく必要がある」(傍点太字筆者)と指摘されるように、通常学級の学級経営や授業づくりに焦点をあてた実践研究は斯界の大きな課題となっている。

　近年、より包括性の高い支援を通常学級の中で実現することによって、より多くの児童が参加し・理解できる方向性、すなわち、ユニバーサルデザインが追究されている[1) 2) 3) 7) 8) 9)]。ユニバーサルデザインに明確な定義はないが、特別な支援を要する児童には「ないと困る支援」であり、どの児童にも「あると便利で・役に立つ支援」を増やす方向性[7) 9)]である。それにより、どの児童も過ごしやすい学級生活と分かりやすい授業の実現をめざすものである。すでに、各地の教育委員会、教育センター[8)]、学校研究においてもユニバーサルデザイン追究の試みがなされ、教科別の検討[3)]もなされている。しかし、成績のよい児童も含めたユニバーサルデザインの有用性に関して、数値的データに基づく実証的研究はまだなされてない。

　そこで、本研究では、ユニバーサルデザインによる授業改善の有用性をビデオによる授業分析により明らかにすることを目的とするものである。

## Ⅱ 研究（1）

### 1．目的

小学校1学年段階における児童の授業への意欲向上要因及び意欲低下要因を教師の教授行動との関係から明らかにする。

### 2．方法

（1）対象

①対象学年：小学校1学年　児童数　33名

学校環境適応感尺度「アセス」（ASSESS：Adaptation Scale for School Environments on Six Spheres）[4]を実施した（第1回目：平成X年10月24日実施。結果は図9に記載）適応状態の指標である「生活満足感」、「学習的適応」、「対人的適応（教師サポート、友人サポート、向社会的スキル、非侵害的関係）」のいずれもが標準的な学級である。

②対象児童

対象児童3名も「アセス」を実施しており、結果は図6～8に記載してある。

A児（広汎性発達障害）－知的障害を伴わないが、学習場面での一斉指導の中では、参加は困難。教師がそばについて課題を説明している。周りの児童の一部はA児への関わり方が否定的である。「アセス」の結果では要支援に該当する。

B児（医学上の診断はない・学習への困難さを抱えている）－理解できない課題場面になると離席が増え、周りの友達へのいたずらをすることが多い。注意されるとふさぎ込んでしまう。周りの友達のB児への関わり方は否定的なことが多い。「アセス」の結果では要支援に該当する。

C児（学習への取組のよい児童）－学習に対する自信をもっている。課題も早くやり遂げる。そのため、早く終わった後は、友達へのいたずらもあり、教師から注意を受けることもある。「アセス」の結果では「学習的適応」状態は極めて高い。

③対象授業

ア、対象授業－算数　単元「いくつといくつ」「のこりは　いくつ　ちがいは　いくつ」「10より大きい数」（平成X年5月2日～7月11日　5回記録　1単位時間45分　総計225分）

イ、授業者－学級担任（小学校教諭として勤務2年目）

（2）観察・分析方法

①観察・記録方法

同一アングルよりビデオ録画した対象授業の225分を分析対象とした。対象児童の意欲向上と低下に関する学習活動カテゴリーと教授行動分析カテゴリーとを設け、該当する行動全ての有無を記録した。

②意欲向上と低下に関する学習活動カテゴリー（表1）

表1　意欲向上と低下に関する学習活動カテゴリー

| カテゴリー | 定義 |
|---|---|
| 意欲の向上 | ○挙手をする。○適切な対象（教師・友達・黒板等）を見ている。<br>○問題、課題を解いている。○ノートテイクしている。○不明な点を確認・質問する。 |

| 意欲の低下 | ○立ち歩く。　○机に伏せてしまう。　○手遊びをしている。<br>○指示と違う行動をする、もしくは、それに従わない。<br>○授業課題ではなく、他児童への話しかけや手出しをする。　○奇声<br>○不適切な対象（授業課題とは違う対象）を見ている。<br>○課題に取り組まない、プリントを破る。 |
|---|---|

③教授行動分析カテゴリー

1.学習指示、2.教師の行動、3.視覚化、4.叱責、5.プラス注意、6.称賛、7.話す、8.動作化の8項目、合わせて20の小カテゴリーを設定した(図1)。

なお、教師が板書したものを示しながら(視覚化しながら)、具体的指示(学習指示)を出している場合は両者にチェックを入れる。

## 3．結果と考察

（1）意欲低下状態の出現頻度とその要因の検討

C児は学習意欲が高く、教師の話や友達の発表を興味をもって聞く時間が比較的長かった。しかし、全般的に対象児童3名の行動には、同様の傾向がみられたため、その平均値を図1に示した。縦軸・横軸の数値は先のカテゴリーに基づき、チェックが入った回数を示している。データとビデオによる行動観察を交えて、以下の2点を指摘した。

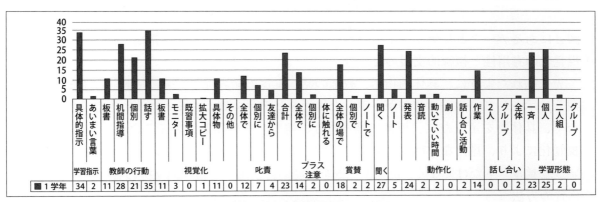

**図1　意欲低下状態の出現場面とその頻度**

①聞く活動の困難さ

具体的な指示の有用性が指摘されるが、具体的指示、教師の話、友達の発表等で意欲低下が顕著である。話す対象が教師であっても、友達であっても"聞く活動"は、意欲低下を招く大きな要因となることが示された。その背景には、話し言葉の固有の問題が示唆される。話し言葉は、目で見て確認できないため、消えてなくなる。関連して、視覚情報のように情報の全体像が不明確であり、聞く活動の終点が確認できない。そのため、注意集中困難のある児童は苦戦を強いられることになる。加えて、聴覚的な短期記憶の苦手な児童が聞き逃す可能性は高まることになる。さらに、話が長くなれば、その中身を関連づけながら理解することに困難を有することも考えられる。これらの難点が、特に1年生の場合は顕著になることが考えられる。今後は話の長さとの関係性等を精査する必要があろう。

②机間指導と個別的な学習時間

　次節で指摘するように、机間指導は意欲向上要因ともなるが、課題のやり方や終点が不明確な作業課題中の机間指導は意欲低下要因となることが示された。また、同様に、課題の内容及び量が明確でない個で学ぶ時間（ノート・プリント学習、作業課題）等も同様の傾向が示された。特に、A児とB児は学習内容の理解に困難を有することが多いため、課題が不明確でしかも教師がそばにいない場合は、意欲低下状態が顕著であった。一方、C児は手早く課題をやり遂げ、次の課題が示されないと遊んでしまう傾向が示された。

　このように、その原因は全く逆でも、意欲低下状態が示されることが明らかになった。

（2）意欲向上状態の出現頻度とその要因の検討

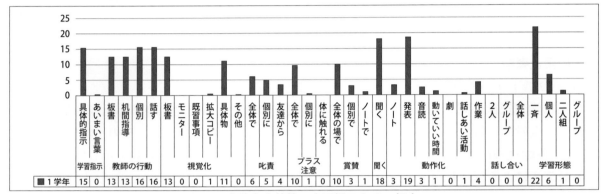

**図2　意欲向上状態の出現場面とその頻度**

　図2にあるデータとビデオによる行動観察を交えて、以下の2点を指摘した。

①視覚化の有用性と複線的支援の可能性

　先に触れたように、具体的指示、教師の話、友達の発表等の"聞く活動"でも意欲向上が顕著に示されている。これらが出現した場面をビデオで確認するといずれも話を聞くだけでなく、具体物を示したり、板書で補ったり、視覚化を併用していることが明らかにされた。視覚化により、見えない話し言葉の全体像を提供する効果が示唆される。すなわち、聞くという聴覚ルートだけでなく、視覚ルートを同時的に活用する複線的支援の有用性が示された。

②称賛の方法

　先の図1のように、称賛は意欲低下要因ともなる。図2では、意欲向上要因ともなっている。この違いは称賛の仕方の違いによると思われる。ビデオ観察によれば、意欲低下要因になった称賛は、児童が何をほめられたか理解できていない、特定の児童への称賛が多い、称賛の内容がほぼ同じ、学習態度への称賛に偏る、心がこもっていないようなうわべだけの称賛等であった。一方、意欲向上状態になった称賛は、学習目標に即している、できるようになった事実に対応している、その児童がほめてほしいと思っていた内容等であった。称賛の対象となった児童だけでなく、周りの児童の意欲をも高める称賛とは、学習目標に即していたり、できた事実に対応したり、どの児童にも"何をほめられたのか"が明確である必要が示唆された。

③机間指導

　先に、課題のやり方や終点が不明確な作業課題中の机間指導は意欲低下要因となることを指摘した。逆に、明確な課題に取り組む間の机間指導は大変有効であることが示された。

（3）総合的な検討

　先行研究では、視覚化、具体的な指示、机間指導、話す時間を短くする等の重要性が指摘[7)][9)]されてきた。ビデオ分析を基にした今回の検討からは○聞くだけの活動にしない複線的支援、○聞く活動の全体像や終点を明確にする，あるいは、○視覚情報と併用する、○課題のやり方や量を明確にする、○称賛の仕方を工夫する等の重要性が示唆された。

## Ⅲ　研究（2）

### 1．目的

　研究（1）で指摘された授業改善のための具体的な手立て、すなわち、配慮を要する児童には「ないと困る支援」であり、どの児童にも「あると便利で・役に立つ支援」を増やす授業ユニバーサルデザインを実践し、その妥当性と有用性を検証する。

### 2．方法

（1）対象
①対象学年、対象児童は研究（1）と同様である。
②対象授業
ア、対象授業－算数 単元「ひきざん」(平成X年11月6日～11月27日全10単位　1単位時間45分　10回記録　総計450分)
イ、授業者－前半が筆者らの1人である柳橋(教員経験20年目)、後半が学級担任。
（2）授業改善の手続き
　研究（1）で抽出された意欲向上要因と意欲低下要因と事例対象児童3名の行動観察を踏まえ、先行研究及び筆者らの経験と知見を加味して「先生たちのSOSは子どもたちのSOS」（素案）を作成した。それに基づき以下の6点のユニバーサルな手立てを講じ、授業展開を行う。
①指示・説明の工夫(支援の複線化)－視覚化のない聞く活動が意欲低下要因になっていたことを踏まえ、○ルールは必ず書き言葉でも明示する、○指示・説明の要点を板書する、○教科書のページを板書することとする。
②学習活動のユニット化－1年生という児童の学習への集中時間そのものも考慮し、45分授業を大きく3分割し、前半15分で児童の関心を高めるゲームや手遊びを導入し、前時の復習も行い"できる感"を高める。中15分で本時のねらいに即した学習に集中的に取り組む、後半15分で個別的な定着学習を実施する。また、"お楽しみタイム(10の合成神経衰弱、レベルアッププリント等)"を用意し、それを楽しみに参加できるようにする。
③学習時差への対応－学習速度が速い児童への対応を含め『マイノート』（「先生たちのSOSは子どもたちのSOS」を参照）を用意し、早く課題を終えた児童に対応する。また、プリント学習に際しても、追加プリントを教室後方に置くことで早い児童が次々と取り組めるようにする。すなわち、学習課題の明確化を図る。
④視覚化－黒板の使い方を一定にする。また、配付プリントと同じ課題を拡大コピーして示すことで手元の配付プリントに書きやすい手立てを講じる。合わせて、指示・説明を明確にする。さらに、本時の流れを毎時間板書することで見通しをもちやすくする。

⑤動作化－意図的に"動ける時間"を用意する。導入では、手遊びで手を動かす。具体的には、②③でも触れたように、"動いて取りに行く時間"にしたり、隣の友達と立って10の合成やフラッシュカード、手遊びゲーム等をしたりする。

⑥称賛の工夫とその機会を増やす－学習目標に即して、できたことを対象する等の称賛の意図を明確にする。また、対象児童が学習への取組のよい状態を称賛するだけでなく、その児童に頑張ってほしい行動をしている周りの児童も意図的にほめる。

(3) 観察・分析方法

①観察・記録方法及びカテゴリーは研究(1)と同様である。

②「アセス」の実施－授業実施後に再び、「アセス」を実施し(第2回目：平成X年11月28日)、ビデオ分析の情報と合わせて、総合的な評価を行う。

③授業参観者(学級担任)による妥当性評価－授業参観者へのインタビューによる。

## 3．結果と考察

(1) 授業改善後の意欲の変化

図3,4の棒グラフの右側が改善後を示し、図中の数字は1学期と2学期それぞれの出現回数を示している。授業改善後は、図3の意欲低下状態、図4の意欲向上状態のいずれもでも明らかなように、意欲の高まりが顕著に示されている。また、図5に示したように、意欲低下状態は大幅に減少し、意欲向上状態が2倍以上高まったことが示されている。

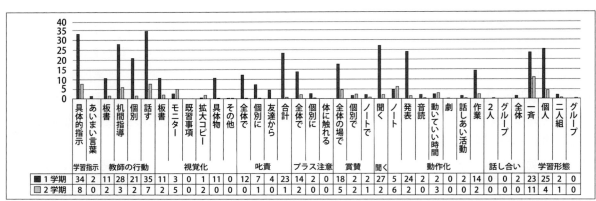

図3　意欲低下状態の出現場面とその頻度

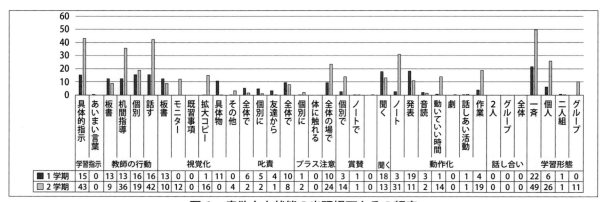

図4　意欲向上状態の出現場面とその頻度

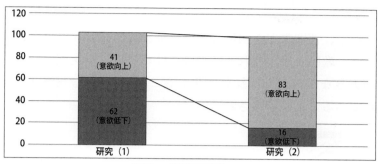

図5 意欲の変化

(2) ユニバーサルデザインの視点の妥当性・有用性の検討
①ビデオ分析の総括的な評価

　先の結果から確認できることは、筆者らがユニバーサルデザインの視点として講じた手立ては対象児童3名の学習参加度を確実に高めたと言えよう。今回の検証は、あくまでも、客観的に観察可能な行動上の量的な評価であり、学習目標に即した質的な評価は含まれない。しかし、学習に参加しなければ内容理解がなされないことを踏まえれば、参加度が高まったことにより、3名の学習内容理解も高まっていることが示唆される。

②「アセス」による自己評価
ア　対象児童の自己評価

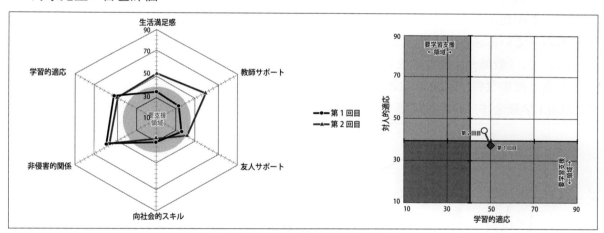

図6　A児〈広汎性発達障害〉の変容

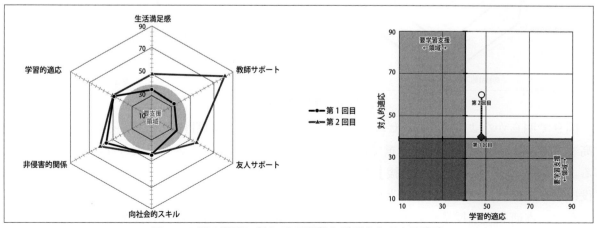

図7　B児(学習に対しての困難さが見られる)の変容

図6, 図7で示されたように、A児、B児ともに「学習適応感」での変容は大きな変化は見られなかった。しかし、個別課題を明確にした机間指導を重視することにより、課題が分かりやすくなったことと、教師が来てくれる「教師のサポート」を実感し、結果的に、先に触れたような、行動上の大きな改善が見られたと考えることができる。それは、「生活満足感」の高まりにも反映されていることが示唆される。

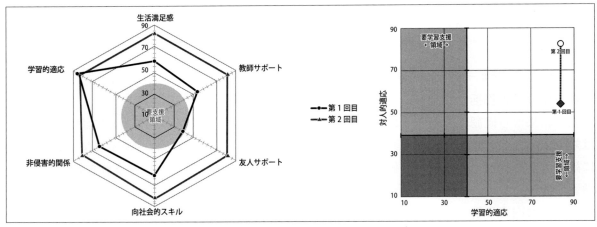

**図8　C児(学習への取組が良い)の変容**

　一方、学習を得意と感じているC児についても、「学習適応感」に変化は見られなかった。しかし、その他の5項目では大きな改善が見られた（図8）。C児はできるがゆえに、"教師に見てもらっている感"が弱い児童であった。学習時差に対応したり、適切な課題を用意したりすることで、「教師サポート」をはじめ、"教師に見てもらっている感"が顕著に高まったと考えられる。授業改善は学級生活全体の満足度を高める大きな要因であることが示唆された。

イ　児童(学級全体) の自己評価

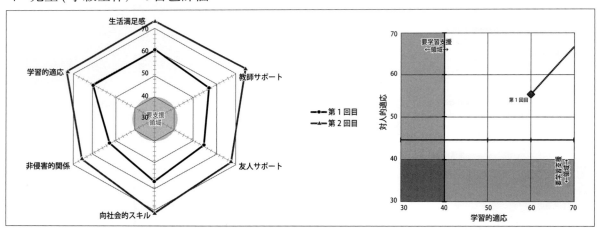

**図9　学級全体の変容**

　図9で明らかなように、「アセス」の結果からは、全ての項目に関して、その評価に顕著な高まりが示されている。対象児童では示されなかった「学習適応感」も大きな高まりが見られる。対象児童に「ないと困る支援」を増やした結果が他のどの児童にとっても「あると便利で・役に立つ支援」になっていたことが示されたと言えよう。

　なお、本研究では授業そのものしか対象にしてない。しかも、算数の授業のみである。すな

わち、学級経営そのものには関与していないにも関わらず、「学習適応感」以外の項目でも高まっている。

これは、2学期に入り、学級経営の質的向上が見られたという要因も否定できない。しかし、特に、1年生の場合は、授業時間＝勉強での手応えがそのまま学校生活への満足度に直結しやすいことも示唆される。

③授業参観者（学級担任）による妥当性評価（インタビュー）

> ○プリントと同じ拡大コピーを用意するだけで、子どもたちの活動がスムーズになった。また、説明の言葉が減った。
> ○机間指導中、個別指導中用のプリントを設定しただけで、遊ぶ児童が少なくなった。「解ける問題」というプリントがよい。少しチャレンジすればできる問題も、意欲を低下せずに行えた。
> ○プリントを、後ろにとりに行く形をとっても、遊ばず集中してやっていたことに驚いた。
> ○ゲームをしながら、ルールや学習スキルも身に着けることができていた。また、友達との関わりや頑張っている姿も認め合える場面があり、少しずつ言葉かけが変わった。
> ○授業中にほめる時間が多くなったことで、子どもたち同士の人間関係の言葉も変わった気がする。
> ○個の特徴や様子を見ながら、それぞれに関わる時間を決めていて、見とりが大切だと思った。
> △時間配分が1年生では難しく感じた。
> △A児のように、1人では課題に取り組めない児童がいると、その子どもに関わっているばかりではいけないし、かといって、全体を見ると、A児の活動が短くなってしまう気がして、自分がやるときには悩んでしまいそう。
> △積み重ねが大切だと思った。今回のくり下がりのひき算は、その前の学びの土台が大切で、前段階ができないとさらに難しくなると感じ、意欲を低下させないことが大切だったのだと反省した。

授業参観者による参加観察の評価からも、今回のユニバーサルデザインの視点に基づく授業改善の有用性が示されたと言えよう。特に、注目すべき指摘は、「算数」の授業であっても、児童はその中で様々なルールやスキルを身につけ、日常生活に般化させている点や教師の適切な称賛が増えると児童の学級生活の中での友達関係や話し言葉にも変容が見られる点を学級担任である参観者が評価したことにある。これは－特に、1年生という学年段階を踏まえる必要があるが－"授業"は学校生活全般、すなわち、教師による学級経営と独立してあるのではなく、表裏一体をなすものであり、授業改善はよりよい学校生活に結び付くことが示されたと言えよう。

## Ⅳ　総合的な考察

（1）ユニバーサルデザインを想定した視点の総括的な検討

本研究では、1.指示・説明の工夫(支援の複線化)、2.学習活動のユニット化、3.学習時差への対応、4.視覚化、5.動作化、6.称賛の工夫とその機会を増やすという6点をユニバーサルデザインの視点に基づく授業改善の要点として指摘し、授業実践した。

ビデオによる分析からも、児童による自己評価結果からも、また、授業参観者による妥当性評価からも、本研究で講じた対象児童にとっての「ないと困る支援」は、成績のよい児童も含

めたどの児童にとっても「あると便利で・役に立つ支援」であることが実証的に示された。

　本研究はあくまでも児童の行動上の量的な変容を対象にしたものであり、学習効果という質的変容までは示せなかった。しかし、学習参加度の向上や児童の自己評価の高まりは、学習効果にも反映していることが示唆されよう。今後は、学習効果の測定も含めた追究を行いたい。

　さらに、授業改善は授業そのものへの児童の参加度を高めるだけでなく、授業を通して対人関係や様々なスキルを学び、学級生活全般への満足度を高めることが示唆されたことは大きな研究成果であった。

（2）教師にとってのユニバーサルデザイン

①専門性向上への示唆

　本研究では、研究（1）と研究（2）の前後半で授業者の変更があった。そのため、授業者の経験年数や人柄等の授業そのものを左右する変数があり、単純な比較ができない。しかし、結果的に得られた示唆もある。研究（2）の後半は、研究（1）の学級担任が授業を担当した。学級担任は、研究（2）前半は、筆者の授業を参観し、後半は授業準備・検討を筆者と共有しながら授業展開した。結果として、研究（2）後半でも大きく数値が落ち込むことはなかった。

　経験者が授業改善の要点とその実際的な展開を経験年数の浅い教員に示しつつ、授業準備や反省を共にするという方法は、専門性向上が求められる現在、初任者指導の実践的なありようも含めた示唆と言えよう。

②教員研修とユニバーサルデザイン

　①の指摘でも示されたように、まずは、授業改善の要点が示される必要がある。その意味で、ユニバーサルデザインは正に、若手やベテランも含めて、誰もが実践できる方法論として役割を果たすであろう。

　今回は正に実践を共にする形であったが、授業参観者（学級担任）の評価でも指摘されていたように、「自分が一人でできるだろうか」という率直な不安も示されていた。その意味では、本書で示している簡便なユニバーサルデザイン活用パンフレットのようなマニュアルも求められている。

＜文献＞
1) 廣瀬由美子・桂聖・坪田耕三（2009）：通常の学級担任がつくる授業のユニバーサルデザイン―国語・算数授業に特別支援教育の視点を取り入れた「わかる授業づくり」（特別な支援が必要な子どもたちへ）．東洋館出版社
2) 花熊 暁編・高槻市立五領小学校著（2012）：小学校ユニバーサルデザインの授業づくり・学級づくり．明治図書
3) 桂聖（2011）：国語授業のユニバーサルデザイン－全員が楽しく「わかる・できる」国語授業づくり．東洋館出版
4) 栗原慎二・井上弥編著（2012）：アセスの使い方・活かし方．ほんの森出版
5) 文部科学省（2012）：「共生社会の形成に向けたインクルーシブ教育システム構築のための特別支援教育の推進（報告）」
6) 文部科学省（2012）：「通常の学級に在籍する発達障害の可能性のある特別な教育的支援を必要とする児童生徒に関する調査結果について」
7) 佐藤慎二（2010）：通常学級の特別支援セカンドステージ－6つの提言と実践のアイデア50．日本文化科学社
8) 山形県教育センター（2013）：ユニバーサルデザインの視点を取り入れた授業づくり
9) 全日本特別支援教育連盟編（2010）：通常学級の授業ユニバーサルザデイン―「特別」ではない支援教育のために．日本文化科学社


■執筆者
　佐藤　慎二　　植草学園短期大学　児童障害福祉専攻 教授
　榎本　恵子　　千葉県旭市立干潟小学校教諭
　宇野　友美　　千葉県茂原市立五郷小学校教諭
　柳橋知佳子　　埼玉県八潮市立大瀬小学校教諭

所属・職位は平成 27 年 3 月現在

# おわりに

　以下は、１１年前に、『発達の遅れと教育№.562』(日本文化科学社.2004、現在『特別支援教育研究』東洋館出版社)に掲載された筆者の拙文である。

### "平成の黒船－だからこその授業研究－"

「泰平のねむりをさます上喜撰　たった四はいで夜もねむれず」

　「上喜撰(じょうきせん)」とはお茶の銘柄であり、ここでは「蒸気船」を意味する。「四はい」とは「四隻」のことである。

　１８５３年、浦賀沖に黒船が現れた。そのときの状況を夜も眠れなくなるような濃いお茶に例えて風刺した幕末の狂歌とされる。すなわち、蒸気船が四隻来航しただけで夜も眠れないほどの衝撃だったということである。

　ＬＤ、ＡＤＨＤ、ＡＳ、ＰＤＤ、特別支援教育コーディネーター、校内委員会、特別支援学校センター的機能・・・と、これほどまで横文字が続いてしまうと－特殊教育(＊当時)関係者ならばまだしも－通常の教育関係者には一体何のことだか分からなかったろう。耳慣れぬ言葉の理解と迫られる変革。昨今の特別支援教育推進の勢いを顧みれば－大袈裟ではあっても－それは黒船来航のごときである。奇しくも『今後の特別支援教育の在り方について』(最終報告.2003)が提起されたのは、黒船来航から１５０年後のことであった。

　変革への対応で基本とされるのは、通常の学校では、特別支援教育コーディネーターの任命による校内支援体制の構築である。しかし、そこで気になるのが、生活・行動スキル、アカデミック・スキル・・・いくつかの観点から子どもの「問題状況」を明らかにしようとする「チェックリスト」なるもの(の開発)である。これら「チェックリスト」を一概に否定しようとは思わない。なぜなら、少なくとも通常の学校にあって、学級の子どもたちを「個」として見つめ直す契機になると思われるからである。

　しかし、多くの「問題」は授業の中で起きているはずである。にもかかわらず、授業をどうすれば良いかは意外に論じられない。教師自身の授業づくりの方法を問い直す契機とはまだなっていないようである。

　これではあまりにも理不尽であろう。授業は子ども、教師、教材・・・様々な要因から成立しているはずである。はじめから子どもにだけ「問題」を見つけ出そうとするのはどう考えても不公平である。子ども自身の声を聴きながら、子どもの様子を見直していくことは必須の要件である。しかし、それ以上に、教師自身が授業で用意した教材、講じた手立て・支援上の配慮点を見直すべきであろう。

　今こそ「創造的実践は不利な教育条件を克服する」(斉藤喜博)ことに確信を持ちたい。特別支援教育推進に向けて、良い教育条件が整っているとは言えない。教育条件整備を一方では求めよう。しかし、どんな時代、どんな状況であっても学校から「授業」がなくなることはないだろう。ならば、現在の教育条件下での創造的実践への努力を怠るまい。確かな授業研究をもって、平成の黒船を迎えたいと思う。(引用終わり)

この１１年間、文部科学省をはじめとする関係者の努力によって－２００３年当時提起された「特別支援教室」の設置をはじめ求めはまだつきないが－特別支援教育に関する教育条件は各段に整ってきた。
　しかし、授業はどうだろう？特別支援教育支援員、巡回指導員、通級指導教室、自閉症・情緒障害特別支援学級…等が整備されつつあるだけに、逆に、学級経営や授業の改善という通常学級本来の機能が十分に発揮されているとは言い難い現実もあった。そして、未だに、子どもにだけ「問題」を見つけ出そうとする傾向があることも否定し得ない。
　通常学級ユニバーサルデザインは上記のような問題意識の上に成立している。

　筆者らはかねてより、通常学級ユニバーサルデザインに関心をもち、実践研究に力を注いできた。その成果は、宇野友美(2013)：『通常学級の算数におけるユニバーサルデザインの授業づくり－小学１年生の繰り下がりのある計算指導に焦点を当てて－』(「特別支援教育研究」No.673. 東洋館出版社)、榎本恵子(2014)：『通常の学級に在籍する読字・書字困難を抱える児童を包括する国語の授業づくり－児童のアセスメントとユニバーサルデザインの視点をふまえて－』(平成２５年度千葉県長期研修生　研究報告書－特別支援教育－)、柳橋知佳子(2014)：『通常学級における授業ユニバーサルデザインの有用性に関する実証的検討－小学１年生「算数科」を通した授業改善を通して－』(「植草学園短期大学紀要　第１５号」)、佐藤愼二(2014.2015)：『実践　通常学級ユニバーサルデザインⅠ－学級づくりのポイントと問題行動への対応－』『実践　通常学級ユニバーサルデザインⅡ－授業づくりのポイントと保護者との連携－』(東洋館出版社)として発表してきた。本書はそれらを再整理し、『植草学園ブックス　特別支援シリーズ２』として編まれた。その意味では、通常学級ユニバーサルデザインの現段階における到達点のひとつであることを自負するものである。

　通常学級ユニバーサルデザインは、通常学級における極めて高い活用性と有用性を秘める通常学級における"特別"ではない支援教育モデルである。その今日的な意義をあらためて確認し、通常学級ユニバーサルデザインの一層の実践的展開に向けて、全国の読者の皆様と共に歩みを進めたいと思う。

　最後になりましたが、ジアース教育新社の加藤勝博社長様には、原稿整理、校正から出版まで丁寧に作業を進めて頂きました。本当にありがとうございました。心から感謝申し上げます。

平成２７(2015)年５月<br>佐　藤　愼　二

植草学園ブックス　特別支援シリーズ2

# 今日からできる！
# 通常学級ユニバーサルデザイン
―授業づくりのポイントと実践的展開―

平成27年5月28日　初版第1刷発行
平成30年1月22日　初版第3刷発行

- ■編　　著　佐藤　愼二
- ■発 行 人　加藤　勝博
- ■発 行 所　株式会社　ジアース教育新社
  〒101-0054　東京都千代田区神田錦町1-23　宗保第2ビル
  TEL：03-5282-7183　FAX：03-5282-7892
  E-mail：info@kyoikushinsha.co.jp
  URL：http//www.kyoikushinsha.co.jp/

- ■表紙カバー・本文デザイン　株式会社彩流工房
- ■印刷・製本　シナノ印刷株式会社

Printed in Japan
ISBN978-4-86371-312-3
定価はカバーに表示してあります。
乱丁・落丁はお取り替えいたします。（禁無断転載）